Porady i strategie zawarte w nim mogą nie być odpowiednie w każdej sytuacji. Ta praca jest sprzedawana ze zrozumieniem, że ani autor, ani wydawcy nie ponoszą odpowiedzialności za wyniki uzyskane dzięki poradom zawartym w tej książce; praca ta ma na celu edukowanie czytelników na temat Bitcoina i nie ma na celu udzielania porad inwestycyjnych. Wszystkie obrazy są oryginalną własnością autora, są wolne od praw autorskich zgodnie z informacjami o źródłach obrazów lub są wykorzystywane za zgodą właścicieli nieruchomości.

audepublishing.com

Prawa autorskie © 2024 Wydawnictwo Aude LLC

Wszelkie prawa zastrzeżone.

Żadna część tej publikacji nie może być powielana, rozpowszechniana ani przekazywana w jakiejkolwiek formie lub za pomocą jakichkolwiek środków, w tym fotokopiowania, nagrywania lub innych metod elektronicznych lub mechanicznych, bez uprzedniej pisemnej zgody wydawców, z wyjątkiem krótkich cytatów zawartych w recenzjach i niektórych innych niekomercyjnych zastosowań dozwolonych przez prawo autorskie.

Pierwsze wydanie w miękkiej oprawie, wrzesień 2021 r.

Drukuj numer ISBN 9798486794483

Wprowadzenie

Bitcoin: Answer to próba rozplątania rozdrobnionej sieci informacji wokół Bitcoina, które są odbierane przez ogół społeczeństwa. Niezależnie od osobistych postaw wobec kryptowalut i Bitcoina (z których większość, dla tych, którzy nie zostali zbadani, jest albo nadmiernie optymistyczna, albo zbyt cyniczna), zasięg kryptowalut rośnie w takim tempie i jest instalowany w ekosystemie finansowym w takim tempie, że zrozumienie podstawowej historii, koncepcji i wykonalności Bitcoina jest znacznie bardziej szkodliwe niż nie. Mamy nadzieję, że te informacje okażą się dość fascynujące; Bitcoin był pierwszym z zupełnie nowego sposobu myślenia o pieniądzu i wartości transakcyjnej. Pod koniec zrozumiesz zakres Bitcoina, walut cyfrowych i blockchain; Wiele z tych systemów, jak należy zauważyć, jest porównywalnych tylko w najluźniejszym sensie, a potencjalne i możliwe do zastosowania przypadki użycia takiej technologii są dość zdumiewające, zwłaszcza biorąc pod uwagę, że ekosystem waluty fiducjarnej niewiele się zmienił od czasu usunięcia walut ze standardu złota pół wieku temu. Myślenie o wszystkich kryptowalutach jako o Bitcoinie i o Bitcoinie jako o marginalnej bańce jest po prostu błędne; Tak, Bitcoin jest daleki od doskonałości, ale w tym, co jest zasadniczo cyfryzacją i decentralizacją wartości, jest o wiele więcej. Ta książka zajmuje się wszystkimi tymi pojęciami i nie tylko w prostym, opartym na pytaniach formacie, zaczynając od "co to jest Bitcoin?" Nie krępuj się przeglądać zgodnie ze swoją wiedzą lub czytać od deski do deski; Tak czy inaczej, mam nadzieję i mam nadzieję mojego zespołu, że wyjdziesz z tej książki ze zrozumieniem Bitcoina z sentymentalnego, technicznego, historycznego i koncepcyjnego punktu widzenia, a także z ciągłym zainteresowaniem i chęcią dowiedzenia się więcej. Dalsze materiały można znaleźć na końcu książki.

A teraz idziemy naprzód w szlachetnym dążeniu do wiedzy.
Miłej lektury.

Co to jest Bitcoin?

Bitcoin to wiele rzeczy: globalna sieć komputerowa typu peer-to-peer o otwartym kodzie źródłowym, zbiór protokołów, cyfrowe złoto, czołówka nowego wiadra technologii, kryptowaluta. W fizycznym; Bitcoin to 13 000 komputerów z różnymi protokołami i algorytmami. W założeniu Bitcoin jest globalnym środkiem łatwej i bezpiecznej transakcji; demokratyzującą siłą i środkiem zarówno przejrzystego, jak i anonimowego finansowania. W pomoście między fizycznym a koncepcyjnym Bitcoin jest kryptowalutą; Środek i magazyn wartości, który istnieje wyłącznie online, bez żadnej fizycznej formy. Wszystko to jest jednak jak zadawanie pytania "co to są pieniądze?" i odpowiadanie "kawałki papieru". Ktoś, kto nie jest zaznajomiony z Bitcoinem, kto przeczyta powyższy akapit, prawie na pewno wyjdzie z większą liczbą pytań niż odpowiedzi; z tego powodu pytanie "co to jest Bitcoin?" jest w istocie pytaniem tej książki, a poprzez analizę każdej części możesz, miejmy nadzieję, dojść do zrozumienia całości.

Kto założył Bitcoina?

Satoshi Nakamoto to osoba, a może grupa osób, która stworzyła Bitcoina. Niewiele wiadomo o tej tajemniczej postaci, a jej anonimowość zrodziła niezliczone teorie spiskowe. Chociaż Nakamoto podał się za 45-letniego mężczyznę z Japonii na oficjalnej stronie fundacji peer-to-peer, w swoich e-mailach używa brytyjskich idiomów. Ponadto znaczniki czasu jego pracy lepiej pasują do kogoś, kto mieszka w USA lub Wielkiej Brytanii. Większość uważa, że jego zniknięcie było zaplanowane (wielu łączy jego pracę z odniesieniami biblijnymi), a inni uważają, że organizacja rządowa, taka jak CIA, była powiązana z jego zniknięciem. To nic innego jak marginalne teorie; jednak faktem pozostaje, że twórca Bitcoina posiada obecnie fortunę wartą ponad 70 miliardów dolarów (równowartość 1,1 miliona bitcoinów) i jeśli bitcoin wzrośnie o kolejne kilkaset procent, ten anonimowy miliarder, ojciec kryptowaluty, będzie najbogatszą osobą na świecie.

```
Bitcoin Genesis Block
       Raw Hex Version
00000000  01 00 00 00 00 00 00 00  00 00 00 00 00 00 00 00  ................
00000010  00 00 00 00 00 00 00 00  00 00 00 00 00 00 00 00  ................
00000020  00 00 00 00 3B A3 ED FD  7A 7B 12 B2 7A C7 2C 3E  ....;£íýz{.²zÇ,>
00000030  67 76 8F 61 7F C8 1B C3  88 8A 51 32 3A 9F B8 AA  gv.a.È.Ã^ŠQ2:Ÿ¸ª
00000040  4B 1E 5E 4A 29 AB 5F 49  FF FF 00 1D 1D AC 2B 7C  K.^J)«_Iÿÿ...¬+|
00000050  01 01 00 00 00 01 00 00  00 00 00 00 00 00 00 00  ................
00000060  00 00 00 00 00 00 00 00  00 00 00 00 00 00 00 00  ................
00000070  00 00 00 00 00 00 FF FF  FF FF 4D 04 FF FF 00 1D  .......ÿÿÿÿM.ÿÿ..
00000080  01 04 45 54 68 65 20 54  69 6D 65 73 20 30 33 2F  ..EThe Times 03/
00000090  4A 61 6E 2F 32 30 30 39  20 43 68 61 6E 63 65 6C  Jan/2009 Chancel
000000A0  6C 6F 72 20 6F 6E 20 62  72 69 6E 6B 20 6F 66 20  lor on brink of
000000B0  73 65 63 6F 6E 64 20 62  61 69 6C 6F 75 74 20 66  second bailout f
000000C0  6F 72 20 62 61 6E 6B 73  FF FF FF FF 01 00 F2 05  or banksÿÿÿÿ..ò.
000000D0  2A 01 00 00 00 43 41 04  67 8A FD B0 FE 55 48 27  *....CA.gŠý°þUH'
000000E0  19 67 F1 A6 71 30 B7 10  5C D6 A8 28 E0 39 09 A6  .gñ¦q0·.\Ö¨(à9.¦
000000F0  79 62 E0 EA 1F 61 DE B6  49 F6 BC 3F 4C EF 38 C4  ybàê.aÞ¶Iö¼?Lï8Ä
00000100  F3 55 04 E5 1E C1 12 DE  5C 38 4D F7 BA 0B 8D 57  óU.å.Á.Þ\8M÷º..W
00000110  BA 4C 70 2B 6B F1 1D 5F  AC 00 00 00 00           ºLp+kñ._¬....
```

Powyższa wizualizacja przedstawia genezę (czyli "pierwszy") blok Bitcoina. Założyciel (założyciele) Bitcoina, Satoshi Nakamoto, wprowadził do kodu wiadomość, która brzmi następująco: "The Times 03/Jan/2009 Kanclerz na krawędzi drugiego bailoutu dla banków".

---

[1] MikeG001 / CC BY-SA 4.0

Kto jest właścicielem Bitcoina?

Pomysł, że Bitcoin jest "własnością" jest słuszny tylko w najbardziej rozproszonym sensie. Około 20 milionów ludzi łącznie posiada wszystkie Bitcoiny na świecie, ale sam Bitcoin, jako sieć, nie może być własnością.[2]

---

[2] Technicznie rzecz biorąc, 20,5 miliona ludzi na całym świecie posiada co najmniej 1 dolara w Bitcoinie.

Jaka jest historia Bitcoina?

Oto krótka historia kryptowalut, blockchaina i Bitcoina.

- W 1991 roku po raz pierwszy stworzono kryptograficznie zabezpieczony łańcuch bloków.
- Prawie dekadę później, w 2000 roku, Stegan Knost opublikował swoją teorię na temat łańcuchów zabezpieczonych kryptografią, a także pomysły na praktyczne zastosowanie.
- 8 lat później Satoshi Nakamoto opublikował białą księgę (biała księga to dokładny raport i przewodnik), która ustanowiła model blockchaina, a w 2009 roku Nakamoto wdrożył pierwszy blockchain, który był używany jako księga publiczna dla transakcji dokonywanych przy użyciu opracowanej przez niego kryptowaluty o nazwie Bitcoin.
- Wreszcie, w 2014 r. przypadki użycia (przypadki użycia to konkretne sytuacje, w których produkt lub usługa mogą być potencjalnie wykorzystane) dla blockchain i sieci blockchain zostały opracowane poza kryptowalutą, otwierając w ten sposób możliwości Bitcoina na szerszy świat.

Ile jest Bitcoinów?

Bitcoin ma maksymalną podaż 21 milionów monet. Od 2021 roku w obiegu znajduje się 18,7 miliona Bitcoinów, co oznacza, że do wprowadzenia do obiegu pozostało tylko 2,3 miliona. Z tej liczby 900 nowych Bitcoinów jest dodawanych do podaży w obiegu każdego dnia poprzez nagrody za wydobycie.[3] Nagrody za wydobycie to nagrody przyznawane komputerom, które rozwiązują złożone równania w celu przetwarzania i weryfikacji transakcji Bitcoin. Ludzie, którzy obsługują te komputery, nazywani są "górnikami". Każdy może rozpocząć wydobywanie bitcoinów; nawet podstawowy komputer PC może stać się węzłem, który jest komputerem w sieci, i rozpocząć wydobycie.

---

[3] "Ile jest bitcoinów? Ile zostało do wydobycia? (2021)."
https://www.buybitcoinworldwide.com/how-many-bitcoins-are-there/.

Jak działa Bitcoin?

Bitcoin, jak i praktycznie wszystkie kryptowaluty, działają za pośrednictwem technologii Blockchain.

Blockchain, w swojej najbardziej podstawowej formie, można traktować jako przechowywanie danych w dosłownych łańcuchach bloków. Przejdźmy przez to, jak dokładnie bloki i łańcuchy wchodzą w grę.

- Każdy blok będzie przechowywał informacje cyfrowe, takie jak godzina, data, kwota itp.
- Blok będzie wiedział, które strony uczestniczyły w transakcji, używając Twojego "klucza cyfrowego", który jest ciągiem cyfr i liter, które otrzymujesz po otwarciu portfela, w którym znajduje się Twoja kryptowaluta.
- Bloki nie mogą jednak działać samodzielnie. Bloki wymagają weryfikacji z innych komputerów, czyli "węzłów" w sieci.
- Pozostałe węzły zweryfikują informacje z jednego bloku. Po zweryfikowaniu danych i jeśli wszystko wygląda dobrze, blok i dane, które zawiera, zostaną zapisane w księdze publicznej.
- Księga publiczna to baza danych, która rejestruje każdą zatwierdzoną transakcję, jaka kiedykolwiek została dokonana

w sieci. Większość kryptowalut, w tym Bitcoin, ma własną księgę publiczną.

- Każdy blok w księdze jest połączony z blokiem, który był przed nim i blokiem, który pojawił się po nim. W związku z tym ogniwa, które tworzą bloki, tworzą wzór przypominający łańcuch. W ten sposób powstaje blockchain.

> Podsumowanie: Blok reprezentuje informacje cyfrowe, a **łańcuch** reprezentuje sposób przechowywania tych danych w bazie danych.

Tak więc, podsumowując naszą wcześniejszą definicję, blockchain to nowy rodzaj bazy danych. Poniżej znajduje się zwizualizowany podział każdego bloku w sieci.

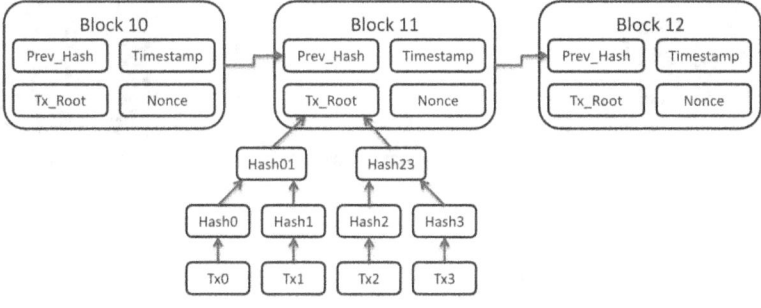
[4]

---

[4] Matthäus Wander / CC BY-SA 3.0

Czym są adresy Bitcoin?

Adres, znany również jako klucz publiczny, to unikatowy zbiór cyfr i liter, który działa jak kod identyfikacyjny, porównywalny z numerem konta bankowego lub adresem e-mail (na przykład: 1BvBESEystWetqTFn3Au6u4FGg7xJaAQN5). Dzięki niemu możesz przeprowadzać transakcje na blockchainie. Adresy łączą się z bazowym łańcuchem bloków; na przykład adres Bitcoin leży w sieci Bitcoin i łańcuchu bloków. Adresy mają okrągłe, kolorowe "logo" zwane identyfikatorami adresów (lub po prostu "ikonami"). Te ikony pozwalają szybko sprawdzić, czy wpisałeś poprawny adres. Za każdym razem, gdy wysyłasz lub odbierasz kryptowalutę, użyjesz powiązanego adresu. Adresy nie mogą jednak przechowywać zasobów; Służą one jedynie jako identyfikatory, które wskazują na portfele.

[5]

---

[5] bitaddress.org

Co to jest węzeł Bitcoin?

Węzeł to komputer podłączony do sieci blockchain, który pomaga blockchainowi w pisaniu i walidacji bloków. Niektóre węzły pobierają całą historię swojego łańcucha bloków; Są one tak zwane masternody i wykonują więcej zadań niż zwykłe węzły. Ponadto węzły nie są w żaden sposób powiązane z konkretną siecią; Węzły mogą przełączać się na różne blockchainy praktycznie w dowolnym momencie, tak jak ma to miejsce w przypadku wydobycia multipool. Podsumowując, cała rozproszona natura Bitcoina i kryptowalut, a także wiele podstawowych łańcuchów bloków i funkcji bezpieczeństwa, są możliwe dzięki koncepcji i wykorzystaniu globalnego systemu opartego na węzłach.

Czym jest wsparcie i opór dla Bitcoina?

Tutaj zagłębiamy się w analizę techniczną i handel Bitcoinem: wsparcie to cena monety lub tokena, przy której jest mniej prawdopodobne, że ten składnik aktywów spadnie, ponieważ wiele osób jest skłonnych kupić aktywa po tej cenie. Często, jeśli moneta osiągnie poziomy wsparcia, odwróci się w trend wzrostowy. Zazwyczaj jest to dobry moment na zakup monety, chociaż jeśli cena spadnie poniżej poziomu wsparcia, moneta prawdopodobnie spadnie dalej do innego poziomu wsparcia. Z drugiej strony opór to cena, którą aktywa trudno przebić, ponieważ wiele osób uważa, że jest to dobra cena do sprzedaży. Czasami poziom oporu może być fizjologiczny. Na przykład Bitcoin może napotkać opór na poziomie 50 000 USD, ponieważ wiele osób myślało "kiedy bitcoin osiągnie 50 000 USD, sprzedam". Często, gdy poziom oporu zostanie przełamany, cena może szybko wzrosnąć. Na przykład, jeśli bitcoin przekroczy 50 000 USD, cena może szybko wzrosnąć do 55 000 USD, w którym to czasie może napotkać większy opór, a 50 000 USD może stać się nowym poziomem wsparcia.

---

[6] Na podstawie obrazu CC BY-SA 4.0 autorstwa Akash98887 File:Support_and_resistance.png

Jak czytać wykres Bitcoina?

To jest wielkie pytanie; Aby odpowiedzieć, poniższa sekcja będzie miała na celu rozbicie najpopularniejszych typów wykresów używanych do odczytu Bitcoina i innych kryptowalut, a także sposobu czytania takich wykresów.

Wykresy stanowią podstawę, za pomocą której można badać ceny i znajdować wzorce. Wykresy na jednym poziomie są proste, a na drugim głębokie i złożone. Zaczniemy od podstaw; różne rodzaje wykresów i ich różne zastosowania.

Wykres liniowy

Wykres liniowy to wykres, który przedstawia cenę za pomocą jednej linii. Większość wykresów to wykresy liniowe, ponieważ są niezwykle łatwe do zrozumienia, chociaż zawierają mniej informacji niż popularne alternatywy. Robinhood i Coinbase (oba kierują swoje usługi do mniej doświadczonych inwestorów) mają wykresy liniowe jako domyślny typ wykresu, podczas gdy instytucje skierowane do bardziej doświadczonych odbiorców, takie jak Charles Schwab i Binance, domyślnie używają innych form wykresów.

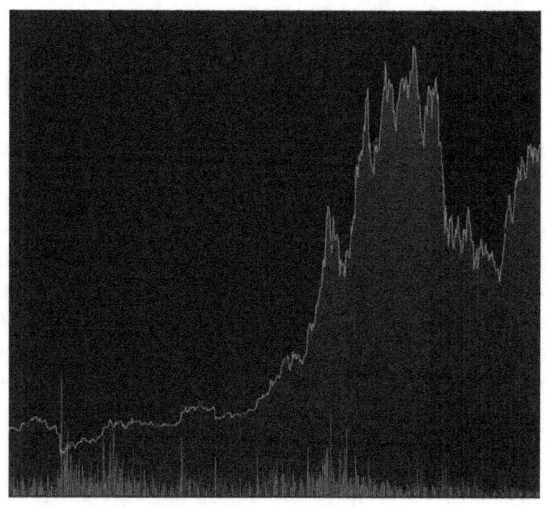

(tradingview.com) Wykres liniowy

Wykres świecowy

Wykresy świecowe są znacznie bardziej użyteczną formą wyświetlania informacji o monecie; Takie wykresy są wybierane przez większość inwestorów. W danym okresie wykresy świecowe mają szeroki "korpus rzeczywisty" i są najczęściej przedstawiane jako czerwone lub zielone (innym powszechnym schematem kolorów są puste/białe i wypełnione/czarne rzeczywiste ciała). Jeśli jest czerwony (wypełniony), zamknięcie było niższe niż otwarcie (co oznacza, że spadło). Jeśli rzeczywiste ciało jest zielone (puste), zamknięcie było wyższe niż otwarcie (co oznacza, że wzrosło).

Powyżej i poniżej rzeczywistych ciał znajdują się "" znane również jako "cienie". pokazują wysokie i niskie ceny w tym okresie. Tak więc, łącząc to, co wiemy, jeśli górny (inaczej górny cień) znajduje się blisko rzeczywistego ciała, tym wyższa moneta lub token osiągnięty w ciągu dnia znajduje się w pobliżu ceny zamknięcia. W związku z tym działa również sytuacja odwrotna. Będziesz musiał mieć solidną wiedzę na temat wykresów świecowych, więc sugeruję odwiedzenie strony takiej jak tradingview.com, aby poczuć się komfortowo.

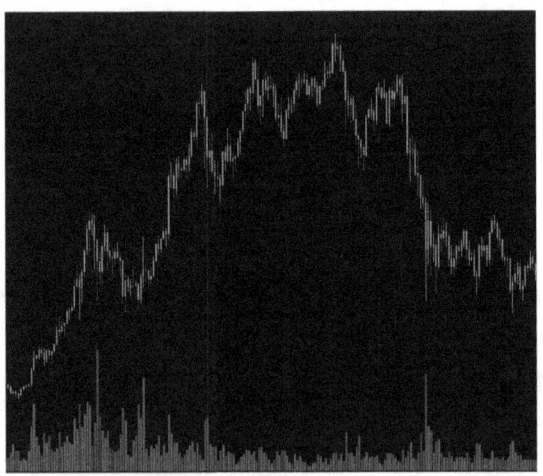

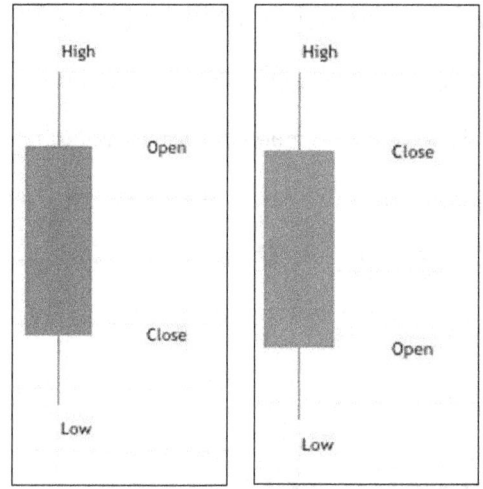

(tradingview.com) Figure 11: Bearish Candle[xi]   tradingview.com

Wykres świecowy

Wykres Renko

Wykresy Renko pokazują tylko ruch cen i ignorują czas i wolumen. Renko pochodzi od japońskiego terminu "renga", oznaczającego "cegły". Wykresy Renko używają cegieł (znanych również jako pudełka), zazwyczaj czerwono-zielonych lub biało-czarnych. Pola Renko tworzą się tylko w prawym górnym lub dolnym rogu następnego pola, a następne pole może powstać tylko wtedy, gdy cena przekroczy górę lub dół poprzedniego pola. Na przykład, jeśli wstępnie zdefiniowana kwota wynosi "1 USD" (pomyśl o tym jako o przedziałach czasowych na wykresach świecowych), następne pole może zostać utworzone tylko wtedy, gdy przekroczy 1 USD powyżej lub 1 USD poniżej ceny poprzedniego pola. Wykresy te upraszczają i "wygładzają" trendy w łatwe do zrozumienia wzorce, jednocześnie usuwając losową akcję cenową. Może to ułatwić przeprowadzanie analizy technicznej, ponieważ formacje, takie jak poziomy wsparcia i oporu, są znacznie bardziej rażąco widoczne.

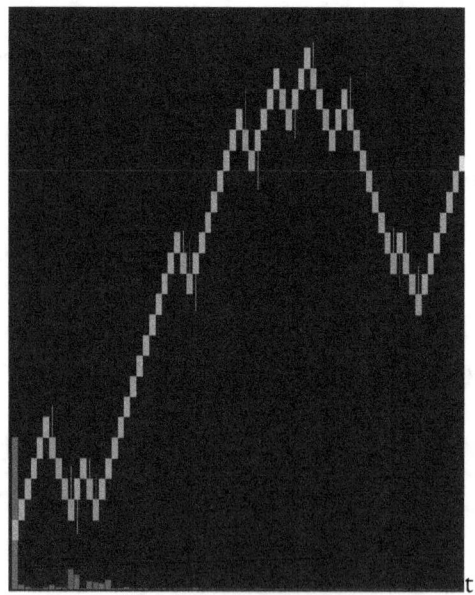

Wykres punktowy i figurowy

Chociaż wykresy punktowo-liczbowe (P&F) nie są tak dobrze znane jak inne na tej liście, mają długą historię i reputację jednego z najprostszych wykresów używanych do identyfikacji dobrych punktów wejścia i wyjścia. Podobnie jak wykresy Renko, wykresy P&F nie uwzględniają bezpośrednio upływu czasu. Raczej X i O są ułożone w kolumny; każda litera reprezentuje wybrany ruch cenowy (podobnie jak bloki na wykresach Renko). Iksy oznaczają cenę rosnącą, a Os – cenę spadającą. Spójrz na tę sekwencję:

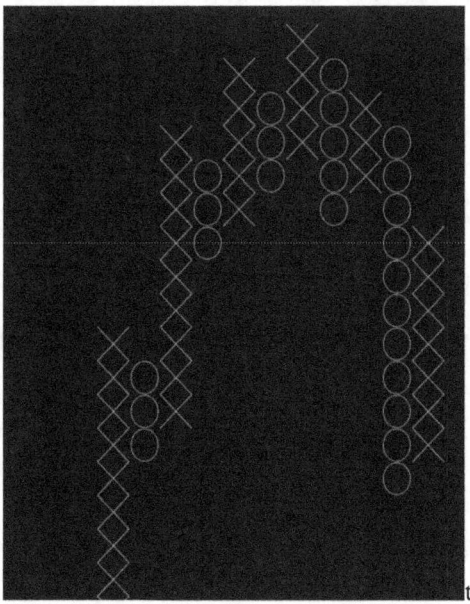

Załóżmy, że wybrany ruch cenowy wynosi 10 USD. Musimy zacząć od lewego dolnego rogu: 3 X oznaczają, że cena wzrosła o 30 USD, 2

O oznaczają spadek o 20 USD, a ostatnie 2 X reprezentują wzrost o 20 USD. Czas nie ma znaczenia.

Wykres Heikena-Ashiego

Wykresy Heikin-Ashi (hik-in-aw-she) są prostszą, wygładzoną wersją wykresów świecowych. Działają prawie tak samo jak wykresy świecowe (świece,, cienie itp.), z wyjątkiem wykresów HA, które wygładzają dane cenowe w dwóch okresach zamiast jednego. To zasadniczo sprawia, że Heikin-Ashi jest lepszy od wielu traderów w porównaniu z wykresami świecowymi, ponieważ formacje i trendy można łatwiej zauważyć, a fałszywe sygnały (małe, bezsensowne ruchy) są w dużej mierze pomijane. To powiedziawszy, prostszy wygląd zaciemnia niektóre dane dotyczące świeczników, co częściowo jest powodem, dla którego Heikin-Ashis nie wymienił jeszcze świeczników. Sugeruję więc, abyś poeksperymentował z obydwoma typami wykresów i zastanowił się, co najlepiej pasuje do Twojego stylu i umiejętności rozpoznawania trendów.

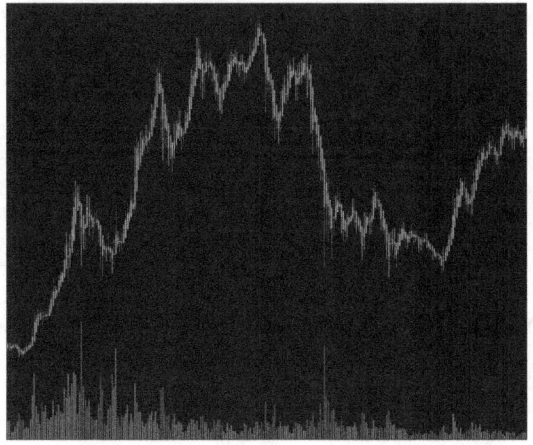

O: Zauważ, że trendy na wykresie Heikin-Ashi są gładsze i bardziej zauważalne niż na wykresie świecowym.

Zasoby dotyczące wykresów

TradingView

tradingview.com (najlepszy ogólnie, najlepszy w mediach społecznościowych)

CoinMarketCap

coinmarketcap.com (proste, łatwe)

Zegarek kryptowalutowy

cryptowat.ch (bardzo ugruntowany, najlepszy dla botów)

Widok kryptowalut

cryptoview.com (bardzo konfigurowalny)

Klasyfikacje formacji wykresów

Wzorce wykresów są klasyfikowane, aby szybko zrozumieć rolę i cel. Oto kilka takich klasyfikacji:

Uparty

Wszystkie formacje prawdopodobnie spowodują, że wynik będzie korzystny dla wzrostu, więc na przykład wzór może skutkować 10% trendem wzrostowym.

Niedźwiedzi

Wszystkie niedźwiedzie formacje prawdopodobnie spowodują, że wynik będzie korzystny dla spadków, więc na przykład niedźwiedzi wzór może skutkować 10% trendem spadkowym.

Lichtarz

Formacje świecowe odnoszą się konkretnie do wykresów świecowych, a nie do wszystkich wykresów. Dzieje się tak, ponieważ formacje świecowe opierają się na informacjach, które można napotkać tylko w formacie świecy (korpus i).

Liczba sztabek/świec

Liczba słupków lub świec we wzorze zwykle nie przekracza trzech.

Kontynuacja

Wzorce kontynuacji sygnalizują, że jest bardziej prawdopodobne, że trend sprzed wzorca będzie kontynuowany niż nie. Tak więc, na przykład, jeśli formacja kontynuacji X uformuje się na szczycie trendu wzrostowego, trend wzrostowy prawdopodobnie będzie kontynuowany.

Breakout

Wybicie to ruch powyżej oporu lub poniżej wsparcia. Formacje wybicia wskazują, że taki ruch jest prawdopodobny. Kierunek tego wybicia jest specyficzny dla wzoru.

Odwrócenie

Odwrócenie to zmiana kierunku ceny. Wzór odwrócenia wskazuje, że kierunek ceny prawdopodobnie się zmieni (więc trend wzrostowy stanie się trendem spadkowym, a trend spadkowy stanie się trendem wzrostowym).

Jakie są rodzaje portfeli Bitcoin?

Istnieje kilka odrębnych kategorii portfeli, które różnią się bezpieczeństwem, użytecznością i dostępnością:

1. *Portfel papierowy.* Portfel papierowy definiuje przechowywanie prywatnych informacji (kluczy publicznych, kluczy prywatnych i fraz zalążkowych) na, jak sama nazwa wskazuje, papierze. Działa to, ponieważ każda para kluczy publicznych i prywatnych może utworzyć portfel; Nie jest potrzebny interfejs online. Fizyczne przechowywanie informacji cyfrowych jest uważane za bezpieczniejsze niż jakakolwiek forma przechowywania online, po prostu dlatego, że bezpieczeństwo online jest narażone na szereg potencjalnych zagrożeń bezpieczeństwa, podczas gdy zasoby fizyczne są narażone na niewiele zagrożeń włamania, jeśli są odpowiednio zarządzane. Aby utworzyć portfel papierowy Bitcoin, każdy może odwiedzić bitaddress.org, aby wygenerować adres publiczny i klucz prywatny, a następnie wydrukować informacje. Kody QR i ciągi kluczy mogą być używane do ułatwiania transakcji. Jednak biorąc pod uwagę wyzwania stojące przed posiadaczami portfeli papierowych (uszkodzenie przez wodę,

przypadkowa utrata, niejasność) w porównaniu z ultrabezpiecznymi opcjami online, portfele papierowe nie są już zalecane do zarządzania znacznymi zasobami kryptowalut.

2. *Gorący portfel/zimny portfel.* Gorący portfel odnosi się do portfela, który jest podłączony do Internetu; przeciwieństwo, zimny magazyn, odnosi się do portfela, który nie jest podłączony do Internetu. Gorące portfele pozwalają właścicielowi konta wysyłać i odbierać tokeny; Jednak przechowywanie w chłodni jest bezpieczniejsze niż przechowywanie na gorąco i oferuje wiele zalet portfeli papierowych bez tak dużego ryzyka. Większość giełd pozwala użytkownikom na przenoszenie zasobów z gorących portfeli (co jest domyślne) do zimnych portfeli za naciśnięciem kilku przycisków (Coinbase odnosi się do przechowywania zimnego/offline jako "skarbca"). Wycofanie zasobów z chłodni wymaga kilku dni, co prowadzi do dynamiki dostępności i bezpieczeństwa przechowywania na gorąco i w chłodni. Jeśli jesteś zainteresowany długoterminowym przechowywaniem aktywów kryptograficznych, najlepszym rozwiązaniem jest przechowywanie w chłodni na Twojej giełdzie. Jeśli planujesz aktywnie handlować lub angażować

się w handel udziałami, przechowywanie w chłodni nie jest wykonalną opcją.

3. *Portfel sprzętowy.* Portfele sprzętowe to bezpieczne urządzenia fizyczne, które przechowują Twój klucz prywatny. Ta opcja pozwala na pewien stopień dostępności online (ponieważ portfele sprzętowe sprawiają, że dostęp do zasobów jest bardzo łatwy) w połączeniu ze sposobem przechowywania, który nie jest podłączony do Internetu, a zatem jest bezpieczniejszy. Niektóre popularne portfele sprzętowe, takie jak Ledger (ledger.com), oferują nawet aplikacje, które współpracują z portfelami sprzętowymi bez uszczerbku dla bezpieczeństwa. Ogólnie rzecz biorąc, portfele sprzętowe są świetną opcją dla poważnych i długoterminowych posiadaczy, chociaż należy wziąć pod uwagę bezpieczeństwo fizyczne; Takie portfele, podobnie jak portfele papierowe, najlepiej przechowywać w bankach lub wysokiej klasy rozwiązaniach do przechowywania.

Czy wydobywanie bitcoinów jest opłacalne?

Z pewnością może być. Średni roczny zwrot z inwestycji w wynajem koparek Bitcoin waha się od wysokich jednocyfrowych do niskich dwucyfrowych, podczas gdy zwrot z inwestycji w samodzielnie zarządzane wydobycie bitcoinów waha się w granicach dwucyfrowych (aby umieścić na nim liczbę, można oczekiwać od 20% do 150% rocznie, podczas gdy 40% do 80% jest normalne). Tak czy inaczej, zwrot ten bije na głowę historyczne zwroty z giełdy i nieruchomości na poziomie 10%. Jednak wydobywanie bitcoinów jest niestabilne i kosztowne, a na zyski każdej osoby wpływa wiele czynników. W następnym pytaniu przyjrzymy się czynnikom opłacalności wydobycia bitcoinów, które zapewniają znacznie lepszy wgląd w szacowane zwroty, a także dlaczego niektóre miesiące i górnicy radzą sobie wyjątkowo dobrze, a inni nie.

Co wpływa na opłacalność wydobycia Bitcoina?

Następujące zmienne są niezbędne do określenia potencjalnej rentowności wydobywania Bitcoinów:

Cena kryptowaluty. Głównym czynnikiem wpływającym jest cena danego aktywa kryptowalutowego. 2-krotny wzrost ceny Bitcoina skutkuje 2-krotnym zyskiem z wydobycia (ponieważ ilość zarabianych Bitcoinów pozostaje taka sama, podczas gdy równoważna wartość się zmienia), podczas gdy spadek o 50% skutkuje połową zysków. Biorąc pod uwagę niestabilny charakter kryptowalut, a zwłaszcza Bitcoina, należy wziąć pod uwagę cenę. Ogólnie rzecz biorąc, jeśli wierzysz w Bitcoin i kryptowaluty w dłuższej perspektywie, zmiany cen nie powinny mieć na Ciebie wpływu, ponieważ skupisz się na budowaniu długoterminowego kapitału, który może się zmienić tylko w zależności od innych czynników z tej listy.

Hash Rate i trudność. HashRate to szybkość, z jaką równania są rozwiązywane, a bloki znajdowane. Hash rate dla górników jest w przybliżeniu równy zarobkom, a więcej górników wchodzących do systemu (zwiększając w ten sposób hash rate sieci i związaną z nią "trudność" wydobycia, która jest metryką opisującą, jak trudno jest wydobywać bloki) osłabia udział hash na górnika, a tym samym rentowność. W ten sposób konkurencja obniża zyski dzięki trudnościom i hash rate'owi.

Cena energii elektrycznej. W miarę jak proces wydobycia staje się coraz trudniejszy, wzrasta również zapotrzebowanie na energię elektryczną. Cena energii elektrycznej może stać się głównym czynnikiem wpływającym na rentowność.

Zmniejszenie o połowę. Co 4 lata nagrody blokowe zaprogramowane w Bitcoinie zmniejszają się o połowę, aby stopniowo zmniejszyć napływ i całkowitą podaż monet. Obecnie (od 13 maja 2020 r. i trwa do 2024 r.) nagrody dla górników wynoszą 6,25 bitcoina za blok. Jednak w 2024 roku nagrody blokowe spadną do 3,125 bitcoina za blok i tak dalej. W ten sposób długoterminowe nagrody za wydobycie muszą spaść, chyba że wartość każdej monety wzrośnie tak samo lub bardziej jak spadek nagród blokowych.

Koszt sprzętu. Oczywiście rzeczywista cena sprzętu potrzebnego do wydobywania Bitcoina odgrywa dużą rolę w zysku i ROI. Wydobycie można łatwo skonfigurować na normalnych komputerach (jeśli je masz, sprawdź nicehash.com); To powiedziawszy, konfigurowanie pełnych platform wiąże się z kosztami płyt głównych, procesorów, kart graficznych, procesorów graficznych, pamięci RAM, układów ASIC i innych. Najprostszym wyjściem jest po prostu zakup gotowych zestawów, ale wiąże się to z zapłaceniem premii. Tworzenie własnych oszczędza pieniądze, ale wymaga również wiedzy technicznej; Ogólnie rzecz biorąc, opcje "zrób to sam" kosztują co najmniej 3,000 USD, ale generalnie bliżej 10,000 USD. Wszystkie te czynniki sprzętowe muszą być brane pod uwagę, aby dokonać przyzwoitego oszacowania potencjalnego zwrotu w szybko zmieniającym się środowisku wydobywania bitcoinów i kryptowalut.

Podsumowując to pytanie, zmienne wpływające na rentowność wydobycia są liczne i podlegają szybkim zmianom, a potencjalne zyski są ukierunkowane na duże gospodarstwa z dostępem do taniej energii elektrycznej. To powiedziawszy, wydobycie kryptowalut jest z pewnością nadal bardzo opłacalne, a zwroty (z wyłączeniem potencjalnego załamania na całym rynku) były i prawdopodobnie przez dłuższy czas będą znacznie wyprzedzać oczekiwane zwroty z giełdy lub normalne zwroty w większości innych klas aktywów.

Czy istnieją prawdziwe, fizyczne Bitcoiny?

Nie ma i prawdopodobnie nigdy nie będzie fizycznego Bitcoina; Nie bez powodu nazywa się ją "walutą cyfrową". To powiedziawszy, dostępność Bitcoina wzrośnie z czasem dzięki lepszym giełdom, bankomatom Bitcoin, kartom debetowym i kredytowym Bitcoin oraz innym usługom. Miejmy nadzieję, że pewnego dnia Bitcoin i inne kryptowaluty będą tak łatwe w użyciu jak waluty fizyczne.

Czy Bitcoin jest bezproblemowy?

Rynek bez zakłóceń to idealne środowisko handlowe, w którym nie ma kosztów ani ograniczeń dotyczących transakcji. Rynek Bitcoina (składający się z par), choć jest na drodze do beztarcia (zwłaszcza w odniesieniu do globalnego transferu pieniędzy), nie jest bliski prawdziwego zaistnienia.

HTTPS://LibertyTreeCS.New YorkPet.org/2016/03/Is-Bitcoin-Really-Frictionless/

Czy Bitcoin używa fraz mnemonikowych?

Fraza mnemoniczna jest terminem równoważnym wyrażeniu zalążkowemu; Oba reprezentują sekwencje od 12 do 24 słów, które identyfikują i reprezentują portfele. Pomyśl o tym jak o haśle zapasowym; Dzięki niemu nigdy nie możesz stracić dostępu do swojego konta. Z drugiej strony, jeśli go zapomnisz, nie ma sposobu, aby go zresetować lub odzyskać, a każdy, kto go ma, ma dostęp do Twojego portfela. Wszystkie portfele, w których możesz przechowywać Bitcoiny, używają fraz mnemotechnicznych; Zawsze powinieneś przechowywać te frazy w bezpiecznym i prywatnym miejscu; Najlepiej na papierze, najlepiej na papierze w skarbcu lub sejfie

Your Seed Phrase

Your Seed Phrase is used to generate and recover your account.

1. issue	2. flame	3. sample
4. lyrics	5. find	6. vault
7. announce	8. banner	9. cute
10. damage	11. civil	12. goat

Please save these 12 words on a piece of paper. The order is important. This seed will allow you to recover your account.

Czy możesz odzyskać swoje Bitcoiny, jeśli wyślesz je na zły adres?

Adres zwrotu to adres portfela, który może służyć jako kopia zapasowa na wypadek niepowodzenia transakcji. Jeśli takie zdarzenie wystąpi, obciążenie zwrotne zostanie przekazane na podany adres zwrotu. Jeśli kiedykolwiek będziesz musiał podać adres zwrotu, upewnij się, że adres jest poprawny i możesz odebrać wysyłany token.

---

[7] Licencja FlippyFlink / CC BY-SA 4.0
File:Creating-Atala_PRISM-crypto_wallet-seed_phrase.png

Czy Bitcoin jest bezpieczny?

Bitcoin, zarządzany przez podstawową sieć blockchain systemu, jest jednym z najbezpieczniejszych systemów na świecie z następujących powodów:

1. *Bitcoin jest publiczny.* Bitcoin, podobnie jak wiele kryptowalut, posiada publiczną księgę, która rejestruje wszystkie transakcje. Ponieważ nie trzeba podawać żadnych prywatnych informacji, aby posiadać i handlować Bitcoinami, a wszystkie informacje o transakcjach są publiczne w łańcuchu bloków, intruzi nie mają się do czego włamać ani ukraść; jedyną alternatywą dla włamania się do sieci Bitcoin i czerpania zysków z niej (wyłączając ludzkie punkty awarii, takie jak ataki na giełdę i utracone hasła; skupiamy się na samym Bitcoinie) jest atak 51%, który w skali Bitcoina jest praktycznie niemożliwy. Bycie "publicznym" wiąże się również z tym, że Bitcoin nie wymaga zezwolenia; Nikt jej nie kontroluje, a zatem żaden subiektywny lub pojedynczy punkt widzenia nie może wpłynąć na całą sieć (bez zgody wszystkich innych w sieci).

2. *Bitcoin jest zdecentralizowany.* Bitcoin działa obecnie za pośrednictwem 10 000 węzłów, z których wszystkie łącznie

służą do walidacji transakcji.[8] Ponieważ cała sieć zatwierdza transakcje, nie ma możliwości zmiany lub kontrolowania transakcji (chyba że 51% sieci jest kontrolowane). Taki atak, jak wspomniano, jest praktycznie niemożliwy; przy obecnej cenie Bitcoina atakujący musiałby wydawać dziesiątki milionów dolarów dziennie i kontrolować ilość zasobów obliczeniowych, które po prostu nie są dostępne.[9] W związku z tym zdecentralizowany charakter walidacji danych sprawia, że Bitcoin jest niezwykle bezpieczny.

3. *Bitcoin jest nieodwracalny.* Po potwierdzeniu transakcji w sieci nie można ich zmienić, ponieważ każdy blok (blok jest partią nowych transakcji) jest połączony z blokami po obu stronach, tworząc w ten sposób połączony łańcuch. Po zapisaniu bloków nie można modyfikować. Te dwa czynniki w połączeniu zapobiegają zmianom danych i zapewniają większe bezpieczeństwo.

4. *Bitcoin wykorzystuje proces haszowania.* Hash to funkcja, która konwertuje jedną wartość na drugą; hash w świecie kryptowalut konwertuje dane wejściowe składające się z liter

---

[8] "Bitnodes: Globalna dystrybucja węzłów Bitcoin". https://bitnodes.io/. Dostęp 30 sierpnia 2021 r.

[9] "Potrzebowałbyś 21 milionów dolarów, aby zaatakować Bitcoina na jeden dzień - odszyfrować". 31 stycznia 2020 r., https://decrypt.co/18012/you-would-need-21-million-to-attack-bitcoin-for-a-day. Dostęp 30 sierpnia 2021 r.

i cyfr (ciąg) na zaszyfrowane dane wyjściowe o ustalonym rozmiarze. Skróty pomagają w szyfrowaniu, ponieważ "rozwiązanie" każdego skrótu wymaga pracy wstecz, aby rozwiązać niezwykle złożony problem matematyczny; W związku z tym zdolność do rozwiązywania tych równań opiera się wyłącznie na mocy obliczeniowej. Haszowanie ma następujące zalety: dane są kompresowane, wartości skrótu mogą być porównywane (w przeciwieństwie do porównywania danych w ich oryginalnej formie), a funkcje haszujące są jednym z najbezpieczniejszych i najbardziej odpornych na naruszenia środków transmisji danych (zwłaszcza na dużą skalę).

Czy Bitcoin się wyczerpie?

To zależy, co rozumiesz przez "wyczerpanie". Ilość bitcoinów dodawanych do sieci każdego roku niezmiennie się wyczerpie. Jednak w tym momencie różne mechanizmy podaży (w przeciwieństwie do Bitcoina będącego nagrodą za wydobycie) przejmą kontrolę, a biznes będzie toczył się normalnie. W tym sensie Bitcoin nigdy nie powinien się wyczerpać.

Jaki jest sens Bitcoina?

Podstawowa wartość Bitcoina pochodzi z następujących zastosowań: jako magazyn wartości i środek prywatnych, globalnych i bezpiecznych transakcji. To jest w istocie sedno Bitcoina; Cel, który został zrealizowany z sukcesem, biorąc pod uwagę jego historyczne zwroty i około 300 000 transakcji dziennie.

Jak wytłumaczyłbyś Bitcoina 5-latkowi?

Bitcoin to pieniądz komputerowy, którego ludzie mogą używać do kupowania i sprzedawania rzeczy lub do zarabiania większej ilości pieniędzy. Bitcoin działa dzięki blockchainowi. Blockchain to narzędzie, które pozwala wielu różnym osobom bezpiecznie przekazywać cenne informacje lub pieniądze bez konieczności robienia tego za nich przez kogoś innego.

Czy Bitcoin jest firmą?

Bitcoin nie jest firmą. Jest to sieć komputerów z uruchomionymi algorytmami. Jednak biorąc pod uwagę postęp oprogramowania i sprzętu w czasie oraz aby zapobiec starzeniu się Bitcoina, system głosowania został zaimplementowany w sieci podczas tworzenia, aby umożliwić aktualizacje kodu i algorytmów. System głosowania jest całkowicie open-source i oparty na konsensusie, co oznacza, że aktualizacje systemu proponowane przez programistów i wolontariuszy muszą przejść rygorystyczną kontrolę ze strony innych zainteresowanych stron (ponieważ błąd w aktualizacji straciłby miliony pieniędzy zainteresowanych stron), a aktualizacja przejdzie tylko wtedy, gdy zostanie osiągnięty masowy konsensus. Fundacja Bitcoin (bitcoinfoundation.org) zatrudnia kilku pełnoetatowych programistów, którzy pracują nad ustaleniem mapy drogowej dla Bitcoina i opracowaniem aktualizacji. Ponownie jednak każdy, kto ma coś do zaoferowania, może to zrobić i żadna rzeczywista firma ani organizacja nie ma zastosowania. Ponadto użytkownicy nie są zmuszani do aktualizowania w przypadku zastosowania zmiany reguły; Mogą trzymać się dowolnej wersji, którą chcą. Idee stojące za tym systemem są dość cudowne; Idea niezależnej, opartej na konsensusie sieci o otwartym kodzie źródłowym ma zastosowania w znacznie większej liczbie dziedzin niż tylko Bitcoin.

Czy Bitcoin to oszustwo?

Bitcoin z definicji nie jest oszustwem. Jest to instrument finansowy stworzony przez zespół uznanych inżynierów. Jest wart biliony, nie do zhakowania, a założyciel nie sprzedał żadnych udziałów.[10] To powiedziawszy, Bitcoin jest z pewnością podatny na manipulację i jest bardzo niestabilny. Wiele innych kryptowalut na rynku, w przeciwieństwie do Bitcoina, to oszustwo. Przeprowadź więc badania, zainwestuj w uznane monety z renomowanymi zespołami i kieruj się zdrowym rozsądkiem.

---

[10] Podczas gdy Satoshi Nakamoto jest wart dziesiątki miliardów ze względu na Bitcoin, nie sprzedał żadnego (w swoim znanym portfelu). W połączeniu ze swoją anonimowością, założyciel Bitcoina prawdopodobnie nie osiągnął żadnego większego zysku dzięki tej walucie, przynajmniej w stosunku do dziesiątek lub setek miliardów, które posiada.

Czy Bitcoin może zostać zhakowany?

Sam Bitcoin jest niemożliwy do zhakowania, ponieważ cała sieć jest stale przeglądana przez wiele węzłów (komputerów) w sieci, a zatem każdy atakujący może naprawdę zhakować system tylko wtedy, gdy kontroluje 51% lub więcej mocy obliczeniowej w sieci (ponieważ kontrola większościowa może być wykorzystana do walidacji czegokolwiek, niezależnie od tego, czy jest to poprawne, czy nie). Biorąc pod uwagę moc wydobywczą stojącą za Bitcoinem, jest to w zasadzie niemożliwe. Jednak słabym punktem w bezpieczeństwie kryptowalut są portfele użytkowników; Portfele i giełdy są znacznie łatwiejsze do zhakowania. Tak więc, chociaż Bitcoin jest niemożliwy do zhakowania, Twój Bitcoin może zostać zhakowany z winy giełdy, a także przez słabe lub przypadkowo udostępnione hasło. Ogólnie rzecz biorąc, jeśli trzymasz się uznanych giełd i przechowujesz prywatne, bezpieczne hasło, Twoje szanse na włamanie są praktycznie zerowe.

Kto śledzi transakcje Bitcoin?

Każdy węzeł (komputer) w sieci Bitcoin utrzymuje pełną kopię wszystkich transakcji Bitcoin. Informacje te są wykorzystywane do walidacji transakcji i zapewnienia bezpieczeństwa. Ponadto wszystkie transakcje Bitcoin są publiczne i można je przeglądać za pośrednictwem księgi Bitcoin; Możesz to zobaczyć pod następującym linkiem:

https://www.blockchain.com/btc/unconfirmed-transactions

Czy każdy może kupować i sprzedawać Bitcoiny?

Ponieważ Bitcoin jest zdecentralizowany, każdy może kupować i sprzedawać, niezależnie od czynników zewnętrznych lub tożsamości. To powiedziawszy, wiele krajów wymaga, aby kryptowaluty były przedmiotem obrotu wyłącznie za pośrednictwem scentralizowanych giełd (ze względów podatkowych i bezpieczeństwa), dlatego wymagają podstawowych mandatów KYC, takich jak tożsamość, SSN itp. Takie przepisy uniemożliwiają niektórym osobom inwestowanie w kryptowaluty, a scentralizowane giełdy zastrzegają sobie prawo do zamykania kont z dowolnego powodu.

Czy Bitcoin jest anonimowy?

Jak wspomniano w pytaniu bezpośrednio powyżej, wrodzony system, który rządzi Bitcoinem, pozwala na całkowitą osobistą anonimowość; Wszystko, co musi być udostępnione, aby transakcja zakończyła się sukcesem, to adres portfela. Jednak mandaty rządowe sprawiły, że handel na zdecentralizowanych giełdach jest nielegalny w wielu krajach (głównym przykładem są Stany Zjednoczone). W związku z tym scentralizowane giełdy uniemożliwiają zachowanie anonimowości prawnej podczas handlu kryptowalutami.

Czy zasady Bitcoina mogą się zmienić?

Ponieważ Bitcoin jest zdecentralizowany, system nie może się zmienić. Jednak zasady sieci mogą zostać zmienione poprzez konsensus posiadaczy Bitcoinów. Obecnie projekty open-source aktualizują Bitcoina, jeśli aktualizacje są potrzebne, i robią to tylko wtedy, gdy zmiany zostaną zaakceptowane przez społeczność Bitcoin.

Czy Bitcoin powinien być kapitalizowany?

Bitcoin jako sieć powinien być kapitalizowany. Bitcoin jako jednostka nie powinien być kapitalizowany. Na przykład "po tym, jak usłyszałem o pomyśle Bitcoina, kupiłem 10 bitcoinów".

Czym są protokoły Bitcoin?

Protokół to system lub procedura, która kontroluje, jak coś powinno być zrobione. W kryptowalutach i Bitcoinie protokoły są warstwą rządzącą kodem. Na przykład protokół bezpieczeństwa określa, w jaki sposób należy zapewnić bezpieczeństwo, protokół blockchain reguluje działanie i działanie łańcucha bloków, a protokół Bitcoin kontroluje sposób działania Bitcoina.

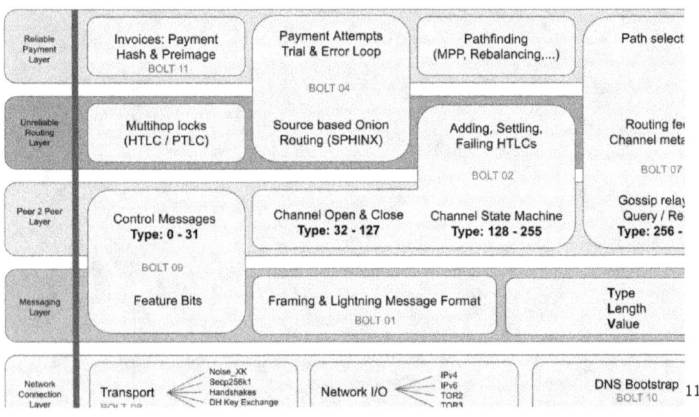

*Jest to przykład protokołu, widzianego przez pryzmat Lightning Network, który jest protokołem płatniczym warstwy 2 zaprojektowanym do pracy na monetach takich jak Bitcoin i Litecoin,

---

[11] Renepick / CC BY-SA 4.0
File:Lightning_Network_Protocol_Suite.png

aby umożliwić szybsze transakcje, a tym samym rozwiązać problemy ze skalowalnością.

Co to jest księga Bitcoina?

Księga Bitcoina i wszystkie księgi blockchain przechowują dane o wszystkich transakcjach finansowych dokonanych na danym blockchainie. Kryptowaluty korzystają z ksiąg publicznych, co oznacza, że księga używana do rejestrowania wszystkich transakcji jest publicznie dostępna. Publiczną księgę Bitcoina można zobaczyć pod adresem blockchain.com/explorer.

Hash	Time	Amount (BTC)	Amount (USD)
e3bc0fb2e5f235094f3825ab722ca4dda006c3528db1466012e1395984f8a3ec	12:22	3.40547680 BTC	$170,416.94
80c2a1ab9cc9fc04f082e707840210f3898beb189428840adf109fb2fb150735	12:22	0.52284473 BTC	$26,164.21
f3773b98dd9b10777e0781dd7d8be8e7953b190546b245fcafef54941240e8d	12:22	0.03063826 BTC	$1,533.20
e5e5e96786e6494bb68cea67aef3aee769ef972172db5424797dcd19eb7345a9a	12:22	0.00151322 BTC	$75.72
5f3bcd4212f05edDd9ad7be40a97e1b4e8fe3456c7d9920e8b1a5219b7a1133e	12:22	0.84369401 BTC	$42,220.15
37e7a56509c2b095549c3f865e2dcd3c0a29f47d5987e84ef5c14b8ca9092811	12:22	0.00153592 BTC	$76.86
ee7a833c2da8c25125a653903828db74303d2efafdf730b0cc2767d8840e1754	12:22	0.00210841 BTC	$105.51
d2259896d076a2723259cc55e7131c3d4622ce6a14c37eb51cadd9992f3873c1	12:22	0.00251375 BTC	$125.79
817a795196ec4bd60cc9316e75c13ca1f1944c7948faf2400495 2aa2a0aed072f	12:22	1.60242873 BTC	$80,188.77
7f6fa2f64999a07e03a344aed9ddb34282683afeddfcb611f996109b83bdb1ff	12:22	0.00022207 BTC	$11.11
8c9dfdf9b849a1d466d5d2efcb3185ad91b067d36b4b60b3233d0c7Acf859c60	12:22	0.00006000 BTC	$3.00
4dca5a6830641314fff08a30dca8209585583c45Gaccdf011f72401b9ffbe24	12:22	0.00761070 BTC	$380.85
7a31b3568d549a894819ed19b11d03025141ca426bfbaf899ca73fb82ea0825d	12:22	0.00070666 BTC	$35.36
9fd5d4e37f766c414079c8d2ec8cd48efa6cf00f901d81e81e73a1a874c2beef	12:22	0.00061789 BTC	$30.92
b4dda5555fde5282c1e51fa69e58998e55904b7 7da98513a82b256aac2960fb	12:22	0.07876440 BTC	$3,941.53
a8f05dce9ca3964bd5fbfb65a52e8a23834597739f1628c368fbc8aba129391a	12:22	1.41705545 BTC	$70,912.32
b80588be59e4be8d3b22294d86c2f0df577a7e58a9296fafbb62ba3add06b053	12:22	0.30358853 BTC	$15,192.18
e0fb0dcd87c22b2e11ef7eb3852a7e6a51bca0907d0d631996d9e275a410d48	12:22	0.00712366 BTC	$356.48
f60389c978d4bf66bb320477bd5efecb046d1f0e09c3c7b2035e5b2b8a852445	12:22	0.00029789 BTC	$14.91
a820e18a7a4538e4cd410f1f9fb213408174f699ffe2d245540b388e7befbfbf	12:22	0.79690506 BTC	$39,878.74
cbdc6ef0669d4a243add5c0b8c40d014da33a5a01e8aacd3fbceffc9aba36c2	12:22	0.54677419 BTC	$27,361.68

*Podgląd na żywo księgi publicznej Bitcoin z blockchain.com

Jaką siecią jest Bitcoin?

Bitcoin to sieć P2P (peer-to-peer). Sieć peer-to-peer obejmuje wiele komputerów współpracujących ze sobą w celu wykonania zadań. Sieci peer-to-peer nie wymagają centralnego organu i są integralną częścią sieci blockchain i kryptowalut.

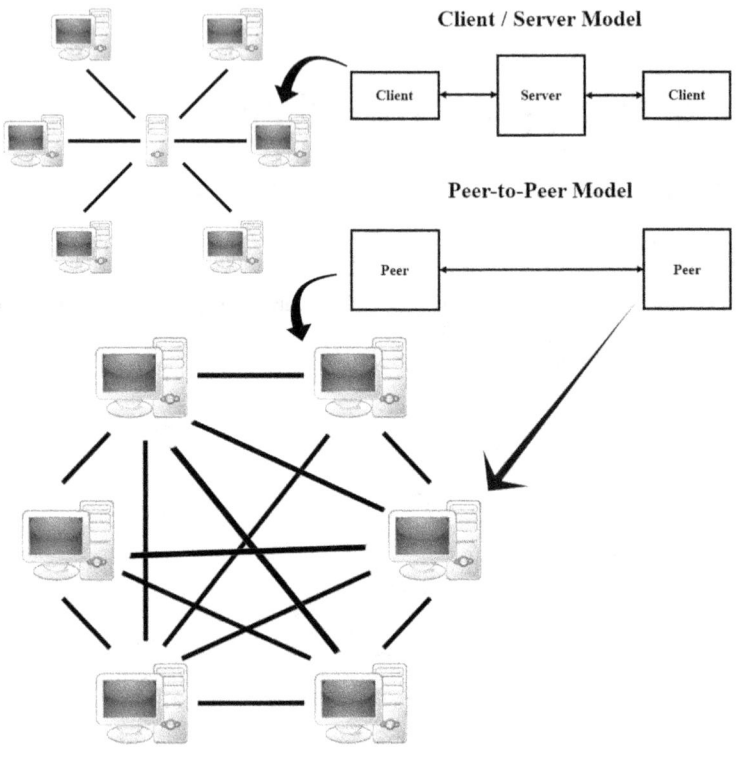

---

[12] Stworzone przez autora; na podstawie zdjęć z następujących źródeł:
Mauro Bieg / GNU GPL / File:Server-based-network.svg
Ludovic Ferre / PDM / File:P2P-network.svg
Michel Banki / CC BY-SA 4.0 / File:Client-server_Vs_peer-to-peer_-_en.png

Czy Bitcoin nadal może być najlepszą kryptowalutą, gdy osiągnie maksymalną podaż?

Podaż Bitcoina rzeczywiście się wyczerpie, ale stanie się to w roku 2140. W tym momencie wszystkie 21 milionów BTC znajdzie się w sieci, a kolejny system zachęt lub dostaw musi zostać wdrożony w celu dalszego przetrwania sieci. Jednak zgadywanie, czy Bitoin będzie najlepszą kryptowalutą w roku 2140, jest jak pytanie w roku 1900, jak będzie wyglądał rok 2020; Różnica w technologii jest niemal niemożliwie duża, a środowisko technologiczne w XXII wieku jest tylko kwestią domysłów. Zobaczymy.

Ile pieniędzy zarabiają górnicy Bitcoina?

Górnicy Bitcoina zarabiają łącznie około 45 milionów dolarów dziennie i 1,9 miliona dolarów na godzinę (6,25 Bitcoina na blok, 144 bloki dziennie). Zysk na górnika zależy od mocy obliczeniowej, kosztu energii elektrycznej, opłaty za pulę (jeśli znajduje się w puli), zużycia energii i kosztu sprzętu; Kalkulatory górnicze online mogą oszacować zyski na podstawie wszystkich tych czynników. Najpopularniejszy z tych kalkulatorów, dostarczany przez Nicehash, można znaleźć pod adresem https://www.nicehash.com/profitability-calculator.

Jaka jest wysokość bloku Bitcoina?

Wysokość bloku to liczba bloków w łańcuchu bloków. Wysokość 0 to pierwszy blok (określany również jako "blok genezy"), wysokość 1 to drugi blok i tak dalej; obecna wysokość bloku Bitcoina wynosi ponad pół miliona. "Czas generowania bloków" Bitcoina wynosi obecnie około 10 minut, co oznacza, że jeden nowy blok jest dodawany do łańcucha bloków Bitcoin mniej więcej co 10 minut.

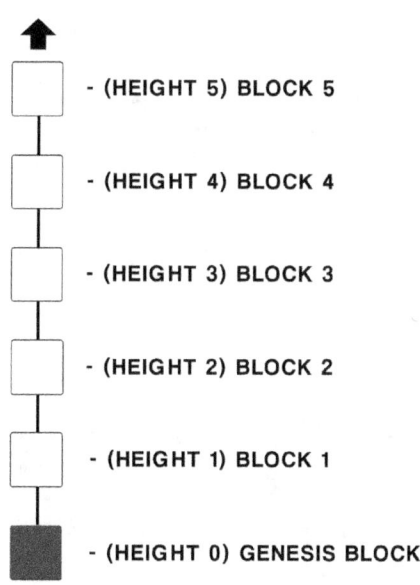

Czy Bitcoin używa Atomic Swaps?

Atomic swap to technologia inteligentnych kontraktów, która pozwala użytkownikom wymieniać między sobą dwie różne monety bez pośrednika strony trzeciej, zwykle giełdy, i bez konieczności kupowania lub sprzedawania. Scentralizowane giełdy, takie jak Coinbase, nie mogą wykonywać swapów atomowych. Zamiast tego zdecentralizowane giełdy pozwalają na atomowe swapy i dają pełną kontrolę użytkownikom końcowym.

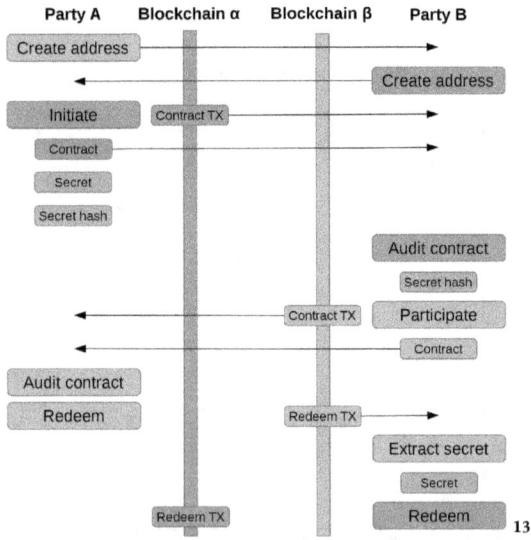

*Wizualizacja przepływu pracy Atomic Swap.

---

[13] Nickboariu / CC BY-SA 4.0 / File:Atomic_Swap_Workflow.svg

Czym są pule wydobywcze Bitcoin?

Pule wydobywcze, znane również jako wydobycie grupowe, odnoszą się do grup osób lub podmiotów, które łączą swoją moc obliczeniową w celu wspólnego wydobywania i dzielenia nagród. Zapewnia to również stałe, a nie sporadyczne zarobki.

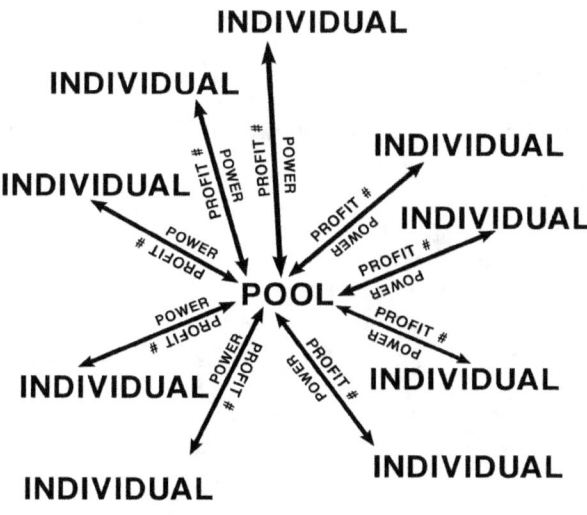

[14] Oryginalna praca autora. Do użytku na licencji CC BY-SA 4.0

Kim są najwięksi górnicy Bitcoina?

Rysunek 2.3 przedstawia podział dystrybucji górników Bitcoin. Duże części to pule wydobywcze, a nie indywidualni górnicy, ponieważ pule umożliwiają ogromną skalę (pod względem mocy obliczeniowej) poprzez wykorzystanie sieci osób. To w istocie stosuje bardzo podobną do Bitcoina koncepcję dystrybucji do górnictwa. Największe pule Bitcoin to Antpool (ogólnodostępna pula wydobywcza), ViaBTC (znana z tego, że jest bezpieczna i stabilna), Slush Pool (najstarsza pula wydobywcza) i BTC.com (największa z czterech).

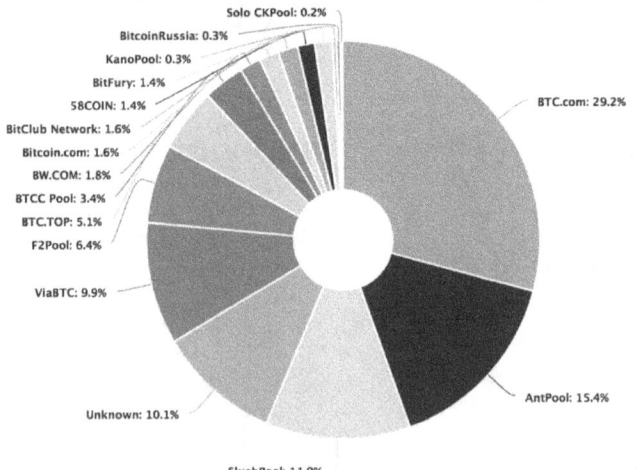

---

[15] "Dystrybucja wydobywania bitcoinów 3 | Pobierz diagram naukowy." https://www.researchgate.net/figure/Bitcoin-Mining-Distribution-3_fig3_328150068. Dostęp 2 września 2021 r.

Rysunek 2.3: Dystrybucja wydobycia bitcoinów 3

Czy technologia Bitcoin jest przestarzała?

Tak, technologia zasilająca Bitcoina jest przestarzała w porównaniu z nowszymi konkurentami. Bitcoin przetarł szlaki i działał jako dowód słuszności koncepcji dla kryptowalut, ale podobnie jak w przypadku każdej technologii, innowacje się do przodu, a nadążanie za takimi innowacjami wymaga spójnych aktualizacji, których Bitcoin nie miał. Sieć Bitcoin może obsłużyć około 7 transakcji na sekundę, podczas gdy Ethereum (druga co do wielkości kryptowaluta pod względem kapitalizacji rynkowej) może obsłużyć 30 transakcji na sekundę, a Cardano, trzecia co do wielkości i znacznie nowsza kryptowaluta, może obsłużyć około 1 miliona transakcji na sekundę. Przeciążenie sieci w sieci Bitcoin prowadzi do znacznie wyższych opłat. W ten sposób, a także pod względem programowalności, prywatności i zużycia energii, Bitcoin jest nieco przestarzały. Nie oznacza to, że to nie działa; Tak, oznacza to po prostu, że albo należy wdrożyć poważne aktualizacje, albo wrażenia użytkownika pogorszą się, a konkurenci będą się rozwijać. Jednak niezależnie od tego, Bitcoin ma ogromną wartość marki, ogromną skalę wykorzystania i adopcji oraz protokoły, które wykonują pracę w bezpieczny sposób; Oznacza to po prostu, że nie jest to gra o sumie zerowej ani prawdopodobnie zakończy się najlepszym lub najgorszym scenariuszem. Prawdopodobnie zobaczymy scenariusz pośredni, w którym Bitcoin nadal boryka się z problemami, nadal wdraża rozwiązania i nadal rośnie (chociaż wzrost będzie musiał w pewnym momencie zwolnić) wraz z rozwojem przestrzeni kryptograficznej.

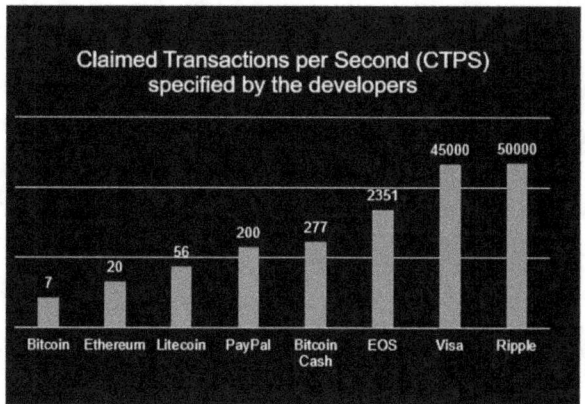

[16] https://investerest.vontobel.com/

---

[16] "Wyjaśnienie Bitcoina - Rozdział 7: Skalowalność Bitcoinów - Investerest." https://investerest.vontobel.com/en-dk/articles/13323/bitcoin-explained---chapter-7-bitcoins-scalability/. Dostęp 4 września 2021 r.

Co to jest węzeł Bitcoin?

Węzeł to komputer (węzłem może być dowolny komputer, a nie dowolny konkretny typ), który jest podłączony do sieci blockchain i pomaga blockchainowi w pisaniu i walidacji bloków. Niektóre węzły pobierają całą historię swojego łańcucha bloków; Są one tak zwane masternody i wykonują więcej zadań niż zwykłe węzły. Ponadto węzły nie są w żaden sposób powiązane z konkretną siecią; Węzły mogą przełączać się na wiele różnych blockchainów praktycznie w dowolnym momencie, tak jak ma to miejsce w przypadku wydobywania multipooli.

Jak działa mechanizm podaży Bitcoina?

Bitcoin wykorzystuje mechanizm podaży PoW. Mechanizm podaży to sposób, w jaki nowe tokeny są wprowadzane do sieci. PoW, czyli "Proof of work" dosłownie oznacza, że do tworzenia bloków wymagana jest praca (w sensie równań matematycznych). Ludzie, którzy wykonują tę pracę, to górnicy.

Jak obliczana jest kapitalizacja rynkowa Bitcoina?

Równanie kapitalizacji rynkowej jest bardzo proste: # jednostek x cena za jednostkę. "Jednostki" Bitcoina to monety, więc aby obliczyć kapitalizację rynkową, można pomnożyć podaż w obiegu (ok. 18,8 mln) przez cenę za monetę (ok. 50 000 USD). Wynikowa liczba (w tym przypadku 940 miliardów) to kapitalizacja rynkowa.

Czy można udzielać i otrzymywać pożyczki Bitcoin?

Tak, możesz wykorzystać Bitcoin i inne kryptowaluty, aby zaciągnąć pożyczkę w USD. Takie pożyczki są idealne dla osób, które nie chcą sprzedawać swoich zasobów Bitcoin, ale potrzebują pieniędzy na wydatki, takie jak płatności za samochód lub nieruchomość, podróże, zakup nieruchomości itp. Zaciągnięcie pożyczki pozwala posiadaczowi zachować swoje aktywa, a jednocześnie nadal korzystać z wartości zablokowanej w aktywach. Ponadto pożyczki Bitcoin mają niezwykle szybki czas realizacji i akceptacji, ocena kredytowa nie ma znaczenia, a pożyczki są objęte pewnym stopniem poufności (co oznacza, że pożyczkodawcy nie są zainteresowani tym, na co wydajesz pieniądze). Jako pożyczkodawca jest to dobra strategia tworzenia dochodu z osiadłych gospodarstw; po obu stronach ryzyko tkwi w dużej mierze w wahaniach Bitcoina. Tak czy inaczej, jest to intrygujący biznes, który dopiero się rozkręca i ma naprawdę ogromny potencjał wzrostu. Najpopularniejsze usługi udzielania i otrzymywania pożyczek Bitcoin i monet to blockfi.com, lendabit, youhodler, btcpop, coinloan.io i mycred.io.

Jakie są największe problemy z Bitcoinem?

Bitcoin niestety nie jest idealny. Była to pierwsza tego typu technologia, a żadna nowa technologia nie zostaje udoskonalona za pierwszym razem. Największym obecnym i długoterminowym problemem, przed którym stoi Bitcoin, jest energia i skala. Bitcoin działa poprzez system PoW (proof-of-work), a ponoszonym minusem jest wysokie zużycie energii; Bitcoin zużywa obecnie 78 tW / godzinę rocznie (z czego większość, choć nie wszystkie, wykorzystuje węgiel). Aby zapewnić pewną perspektywę, terawatogodzina to jedność energii równa wytworzeniu jednego biliona watów w ciągu jednej godziny. Mimo to sieć Bitcoin zużywa trzy razy mniej energii niż tradycyjny system pieniężny; Problem polega na zużyciu energii przy masowej adopcji i zużyciu energii w porównaniu z innymi kryptowalutami.[17] System PoS (proof-of-stake), taki jak ten stosowany przez Ethereum, zużywa o 99,95% mniej energii niż alternatywa PoW.[18] Jest to ważniejsze niż jakiekolwiek dane dotyczące

---

[17] "Banki zużywają ponad trzy razy więcej energii niż bitcoin..." https://bitcoinist.com/banks-consume-energy-bitcoin/.

[18] "Proof-of-stake może sprawić, że Ethereum będzie o 99,95% bardziej energooszczędne..." https://www.morningbrew.com/emerging-tech/stories/2021/05/19/proofofstake-make-ethereum-9995-energyefficient-work.

bezwzględnego zużycia energii, ponieważ wskazuje na fakt, że Bitcoin ma potencjał, aby zużywać znacznie mniej energii niż obecnie; nawet jeśli idealne zapotrzebowanie na energię jest bardzo odległe. Oprócz skali, równie ważnym problemem, przed którym stoi Bitcoin w dłuższej perspektywie (nie pod względem przetrwania, ale pod względem wartości) jest użyteczność. Bitcoin ma niewielką wrodzoną użyteczność i służy bardziej jako magazyn wartości niż jako technologia. Można argumentować, że Bitcoin wypełnia niszę i działa jak cyfrowe złoto, ale mieczem obosiecznym niszy siedzącej jest to, że zmienność Bitcoina jest niezwykle wysoka jak na długoterminowy magazyn wartości i w pewnym momencie albo zmienność musi się zmniejszyć, albo wykorzystanie pozostanie ograniczone do grupy demograficznej, która czuje się komfortowo z wysoką zmiennością. Przynajmniej kwestia użyteczności podnosi kwestię alternatyw dla altcoinów; ponieważ przypadki użycia kryptowalut są zróżnicowane, zwłaszcza w odniesieniu do użyteczności, a zatem kryptowaluty inne niż Bitcoin muszą i będą istnieć na dużą skalę w dłuższej perspektywie. Pytanie, który z nich, jeśli odpowie poprawnie, będzie bardzo opłacalne.

Czy Bitcoin ma monety lub tokeny?

Bitcoin składa się z monet, ale ważne jest zrozumienie różnicy między tokenami a monetami. Token kryptowaluty to jednostka cyfrowa, która reprezentuje aktywa, podobnie jak moneta. Jednak podczas gdy monety są zbudowane na własnym blockchainie, tokeny są zbudowane na innym blockchainie. Wiele tokenów korzysta z blockchaina Ethereum i dlatego są określane jako tokeny, a nie monety. Monety są używane tylko jako pieniądze, podczas gdy tokeny mają szerszy zakres zastosowań. Zrozumienie tokenów jest integralną częścią zrozumienia tego, czym dokładnie handlujesz, a także zrozumienia wszystkich zastosowań walut cyfrowych, i z tych powodów najpopularniejsze podkategorie tokenów są tutaj analizowane:

1. *Tokeny zabezpieczające* reprezentują prawną własność aktywów, zarówno cyfrowych, jak i fizycznych. Słowo "bezpieczeństwo" w tokenach zabezpieczających nie oznacza bezpieczeństwa jako bezpieczeństwa, ale raczej "bezpieczeństwo" odnosi się do każdego instrumentu finansowego, który ma wartość i może być przedmiotem obrotu. Zasadniczo tokeny zabezpieczające stanowią inwestycję lub aktywa.

2. *Tokeny użytkowe* są wbudowane w istniejący protokół i mogą uzyskiwać dostęp do usług tego protokołu. Pamiętaj, że protokoły zapewniają zasady i strukturę, których węzły mogą przestrzegać, a tokeny użytkowe mogą być używane do szerszych celów niż tylko jako token płatniczy. Na przykład tokeny użytkowe są powszechnie przekazywane inwestorom podczas ICO. Następnie, później, inwestorzy mogą wykorzystać otrzymane tokeny użytkowe jako środek płatniczy na platformie, z której otrzymali tokeny. Najważniejszą rzeczą, o której należy pamiętać, jest to, że tokeny użytkowe mogą zrobić więcej niż tylko służyć jako środek do kupowania lub sprzedawania towarów i usług.
3. *Tokeny zarządzania* służą do tworzenia i prowadzenia systemu głosowania na kryptowaluty, który pozwala na aktualizacje systemu bez scentralizowanego właściciela.
4. *Tokeny płatnicze (transakcyjne)* służą wyłącznie do płacenia za towary i usługi.

Czy możesz zarabiać pieniądze tylko trzymając Bitcoin?

Wiele monet zapewnia nagrody za samo posiadanie aktywów; Posiadacze Ethereum wkrótce zarobią 5% APR na stakowanych ETH. Jednak ważnym słowem jest "staked", ponieważ wszystkie monety, które oferują pieniądze tylko za posiadanie monety lub tokena (zwane "nagrodami za obstawianie"), działają w systemie i algorytmie PoS (proof-of-stake). Algorytm PoS jest alternatywą dla PoW (proof-of-work), która pozwala osobie wydobywać i zatwierdzać transakcje na podstawie liczby posiadanych monet. Tak więc w przypadku PoS im więcej posiadasz, tym więcej wydobywasz. Ethereum może wkrótce działać na proof-of-stake, a wiele alternatyw już to robi. To powiedziawszy, nadal możesz zarabiać na odsetkach od swojego Bitcoina, pożyczając go pożyczkobiorcom.

Czy Bitcoin ma poślizg?

Aby zapewnić pewien kontekst, poślizg może wystąpić, gdy transakcja jest zawierana ze zleceniem rynkowym. Zlecenia rynkowe starają się być realizowane po najlepszej możliwej cenie, ale czasami pojawia się zauważalna różnica między ceną oczekiwaną a ceną rzeczywistą. Na przykład, możesz zobaczyć, że examplecoin jest na poziomie 100 USD, więc składasz zlecenie rynkowe na 1000 USD. Jednak ostatecznie otrzymujesz tylko 9,8 examplecoina za swoje 1000 $, w przeciwieństwie do oczekiwanych 10. Poślizg ma miejsce, ponieważ spready kupna/sprzedaży szybko się zmieniają (w zasadzie zmieniła się cena rynkowa). Bitcoin i większość kryptowalut są podatne na poślizg; Z tego powodu, jeśli składasz duże zlecenie, rozważ złożenie zlecenia z limitem, a nie zlecenia rynkowego. Wyeliminuje to poślizg.

Jakie akronimy Bitcoin powinienem znać?

ATH

Akronim oznaczający "wszechczasowy wysoki". Jest to najwyższa cena, jaką kryptowaluta osiągnęła w wybranym okresie.

ATL

Akronim oznaczający "cały czas". Jest to najniższa cena, jaką kryptowaluta osiągnęła w wybranym okresie czasu.

BTD

Akronim oznaczający "Kup w dołku". Może być również reprezentowany, wraz z odrobiną słonego języka, jako BTFD.

CEX (Certyfikat CEX)

Akronim oznaczający "scentralizowaną wymianę". Scentralizowane giełdy są własnością firmy, która zarządza transakcjami. Coinbase to popularny CEX.

Informacja o tym, że

"Początkowa oferta monet".

Sieć P2P

"Stopy to stopy".

PND (Plik PND)

"Pompuj i zrzuć".

ROI

"Zwrot z inwestycji".

Technologia DLT

Akronim oznaczający "Distributed Ledger Technology". Księga rozproszona to księga, która jest przechowywana w wielu różnych lokalizacjach, dzięki czemu transakcje mogą być weryfikowane przez wiele stron. Sieci blockchain wykorzystują rozproszone księgi rachunkowe.

SATS (Sieć Satelitarn

SATS to skrót od Satoshi Nakamoto, który jest pseudonimem używanym przez twórcę Bitcoina. SATS to najmniejsza dozwolona jednostka bitcoina, która wynosi 0,00000001 BTC. Najmniejsza jednostka bitcoina jest również określana po prostu jako Satoshi.

Jaki slang Bitcoin powinienem znać?

Torba

Torba odnosi się do pozycji. Na przykład, jeśli posiadasz sporą ilość monety, posiadasz ich torbę.

Uchwyt na torbę

Posiadacz torby to trader, który ma pozycję w bezwartościowej monecie. Posiadacze toreb często mają nadzieję na swoją bezwartościową pozycję

Delfin

Posiadacze kryptowalut są klasyfikowani przez kilka różnych zwierząt. Te z bardzo dużymi gospodarstwami, na przykład w 10 milionach, nazywane są wielorybami, podczas gdy te z gospodarstwami średniej wielkości nazywane są delfinami.

Flippening / Trzepotanie

"Flippening" jest używany do opisania hipotetycznego momentu, w którym, jeśli w ogóle, Etherium (ETH) wyprzedził Bitcoina (BTC) pod względem kapitalizacji rynkowej. "Trzepotanie" było momentem, w którym Litecoin (LTC) wyprzedził Bitcoin Cash

(BCH) pod względem kapitalizacji rynkowej. Trzepotanie miało miejsce w 2018 r., podczas gdy flippening jeszcze nie nastąpił i, opierając się wyłącznie na kapitalizacji rynkowej, jest mało prawdopodobne, aby kiedykolwiek miało miejsce.

Księżyc / Na Księżyc
Terminy takie jak "na księżyc" i "leci na księżyc" odnoszą się po prostu do kryptowaluty, której wartość rośnie, zazwyczaj o ekstremalną kwotę.

Vaporware
Vaporware to moneta lub token, który został przereklamowany, ale ma niewielką wartość wewnętrzną i prawdopodobnie straci na wartości.

Klub Władimira
Termin opisujący kogoś, kto nabył 1% z 1% (0,01%) maksymalnej podaży kryptowaluty.

Słabe ręce
Traderzy, którzy mają "słabe ręce", nie mają pewności siebie, aby trzymać swoje aktywa w. w obliczu zmienności i często handlują pod wpływem emocji, w przeciwieństwie do trzymania się swojego planu handlowego.

REKT

Fonetyczna pisownia słowa "wrecked".

HODL

"Trzymaj się drogiego życia".

DYOR

"Zrób własne badania".

FOMO (FOMO)

"Strach przed przegapieniem".

FUD

"Strach, niepewność i zwątpienie".

JOMO

"Radość z tego, że coś mnie ominęło".

ELI5

"Wyjaśnij to tak, jakbym miał 5 lat".

Czy możesz użyć dźwigni finansowej i depozytu zabezpieczającego do handlu Bitcoinem?

Aby zapewnić kontekst dla tych, którzy nie są zaznajomieni z handlem lewarowanym, inwestorzy mogą "wykorzystać" siłę handlową, handlując na pożyczonych środkach od strony trzeciej. Na przykład, powiedzmy, że masz $1,000 i używasz 5-krotnej dźwigni; Handlujesz teraz środkami o wartości 5 000 USD, z czego 4 000 USD pożyczyłeś. Dzięki tej samej funkcji dźwignia 10x wynosi 10 000 USD, a 100x 100 000 USD. Dźwignia finansowa pozwala zwiększyć zyski poprzez wykorzystanie pieniędzy, które nie są Twoje, i zatrzymanie części dodatkowego zysku. Handel z depozytem zabezpieczającym jest prawie wymienny z handlem z dźwignią finansową (ponieważ depozyt zabezpieczający tworzy dźwignię), a jedyną różnicą jest to, że depozyt zabezpieczający jest wyrażony jako wymagany depozyt procentowy, podczas gdy dźwignia finansowa jest stosunkiem (co oznacza, że możesz handlować z dźwignią 3x). Handel z dźwignią finansową i depozytem zabezpieczającym jest bardzo ryzykowny; Ogólnie rzecz biorąc, jeśli nie masz doświadczonego tradera i nie masz pewnej stabilności finansowej, handel z wykorzystaniem dźwigni finansowej nie jest zalecany. To powiedziawszy, wiele giełd oferuje lewarowane usługi handlowe dla Bitcoina i innych kryptowalut. Poniżej znajduje się lista najlepszych usług oferujących handel z wykorzystaniem dźwigni finansowej kryptowalut:

- Binance (popularny, najlepszy ogólnie)
- Bybit (najlepsze wykresy)
- BitMEX (najłatwiejszy w użyciu)
- Deribit (najlepszy do lewarowanego handlu Bitcoinami)
- Kraken (popularny, przyjazny dla użytkownika)
- Poloniex (wysoka płynność)

Co to jest bańka Bitcoina?

Bańka w Bitcoinie i wszystkich inwestycjach odnosi się do czasu, w którym wszystko idzie w górę w niezrównoważonym tempie. Często bąbelki pękają i powodują duży krach. Z tego powodu bycie w bańce, niezależnie od tego, czy odnosi się do rynku jako całości, czy do konkretnej monety lub tokena, jest zarówno dobrą, jak i (bardziej) złą rzeczą.

Co to znaczy być "" lub "niedźwiedzim" na Bitcoinie?

Bycie niedźwiedziem oznacza, że myślisz, że cena monety, tokena lub wartość rynku jako całości spadnie. Jeśli myślisz w ten sposób, jesteś również uważany za "niedźwiedziego" na danym papierze wartościowym. Przeciwieństwem jest bycie: osoba, która uważa, że wartość papieru wartościowego wzrośnie, jest byczo nastawiona do tego papieru wartościowego. Słowa te zostały spopularyzowane w terminologii giełdowej, a uważa się, że pochodzenie jest związane z cechami zwierząt: byk wypycha rogi w górę, atakując przeciwnika, podczas gdy niedźwiedź wstaje i przesuwa się w dół.

Czy Bitcoin jest cykliczny?

Tak, Bitcoin jest historycznie cykliczny i ma tendencję do działania w cyklach wieloletnich (w szczególności 4-letnich), które historycznie rozbijały się na: przełomowe szczyty, korektę, akumulację, a na końcu ożywienie i kontynuację. Można to uprościć do dużego w górę, dużego w dół, małego w górę lub na boki i dużego w górę. Przełomowe szczyty zazwyczaj następują (zwykle mniej więcej rok później) po wydarzeniach halvingu Bitcoina, które mają miejsce co cztery lata (z których ostatnie miało miejsce w 2020 roku). W żadnym wypadku nie jest to nauka ścisła, ale daje pewną perspektywę na średnioterminowy potencjał i akcję cenową Bitcoina. Dodatkowo, duże skoki Altcoinów (w szczególności średnich i małych altcoinów) zazwyczaj występują, gdy Bitcoin nie wykonuje ani większego ruchu w górę, ani większego ruchu w dół, a często następuje po dużym ruchu w górę. W takim momencie inwestorzy biorą zyski z Bitcoina (podczas gdy cena się konsoliduje) i lokują je w mniejszych monetach. Tak więc wszystko to jest ogólnie czymś, o czym należy pomyśleć, zwłaszcza jeśli myślisz o kupnie lub sprzedaży Bitcoina.

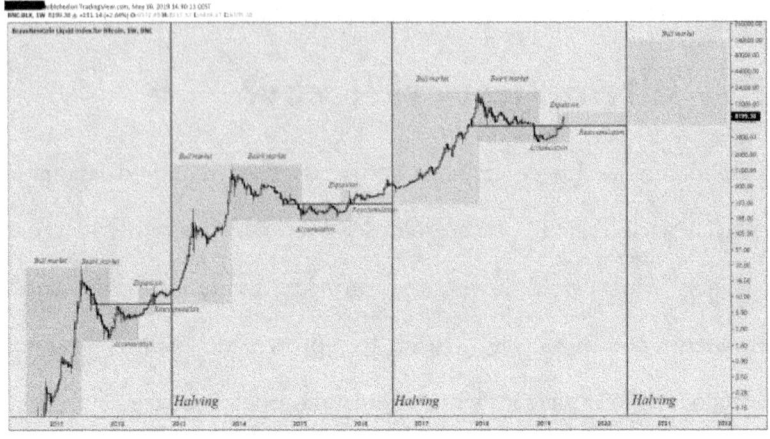

1920

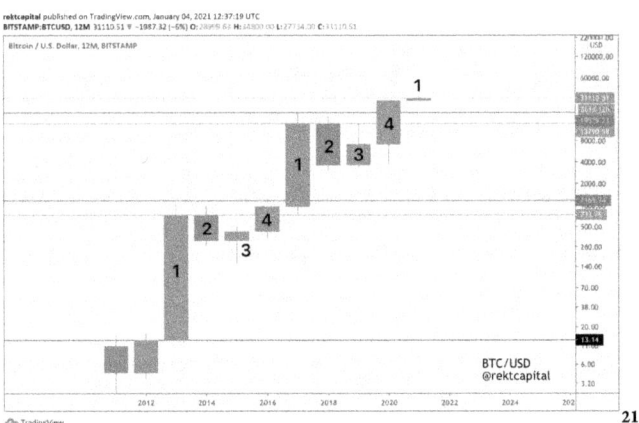

21

19

[20] "Szczegółowy podział czteroletnich cykli Bitcoina | Akademia Forex." 10 lutego 2021 r., https://www.forex.academy/detailed-breakdown-of-bitcoins-four-years-cycles/. Dostęp 4 września 2021 r.

[21] "Szczegółowy podział czteroletnich cykli Bitcoina | Hakerskie południe. 29 października 2020 r., https://hackernoon.com/a-detailed-breakdown-of-bitcoins-four-year-cycles-icp3z0q. Dostęp 4 września 2021 r.

Jaka jest użyteczność Bitcoina?

Użyteczność monety lub tokena jest jednym z najważniejszych aspektów należytej staranności, ponieważ zrozumienie obecnej i długoterminowej użyteczności i wartości monety lub tokena pozwala na znacznie jaśniejszą analizę potencjału. Użyteczność definiuje się jako użyteczność i funkcjonalność; Monety kryptograficzne lub tokeny z użytecznością mają prawdziwe, praktyczne zastosowania: nie tylko istnieją, ale raczej służą do rozwiązania problemu lub zaoferowania usługi. Monety o najbardziej funkcjonalnych obecnych zastosowaniach i przypadkach użycia mają szansę odnieść sukces, w przeciwieństwie do tych, które nie mają ciągłego celu, zastosowania i innowacji. Oto kilka studiów przypadku, w tym Bitcoina:

- ❖ Bitcoin (BTC) służy jako niezawodny i długoterminowy magazyn wartości, podobny do "cyfrowego złota".
- ❖ Ethereum (ETH) pozwala na tworzenie dApps i Smart Contracts na blockchainie Ethereum.
- ❖ Storj (STORJ) może być używany do przechowywania danych w chmurze w sposób zdecentralizowany, podobnie jak Dysk Google i Dropbox.
- ❖ Basic Attention Token (BAT) jest używany w przeglądarce Brave do zdobywania nagród i wysyłania wskazówek twórcom.

- Golem (GNT) to globalny superkomputer, który oferuje zasoby obliczeniowe do wynajęcia w zamian za tokeny GNT.

Czy lepiej trzymać Bitcoina, czy nim handlować?

Historycznie rzecz biorąc, bardziej opłacalne i łatwiejsze jest po prostu trzymanie Bitcoina. Czas, wysiłek i czas wymagane do pomyślnego handlu (lub osiągnięcia większego zysku niż ci, którzy posiadają) to niezwykle trudna mieszanka do złożenia; Ci, którzy to robią, są zazwyczaj pełnoetatowymi traderami lub mają dostęp do narzędzi, których inni nie mają. O ile nie jesteś gotów przyjąć tego poziomu poświęcenia lub naprawdę lubisz ten proces, znacznie lepiej jest trzymać i kupować Bitcoin przez długi czas.

Czy inwestowanie w Bitcoin jest ryzykowne?

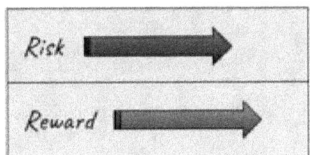

Powyższy obraz opiera się na zasadzie kompromisu między ryzykiem a zyskiem. Kiedy widzimy, że wszyscy inni zarabiają pieniądze (co w dużej mierze i niebezpiecznie umożliwia media społecznościowe, ponieważ wszyscy publikują wygrane, a nie przegrane), jak to ma miejsce obecnie na rynku kryptowalut, jesteśmy skłonni podświadomie (lub świadomie) zakładać brak znaczącego ryzyka. Jednak ogólnie rzecz biorąc (zwłaszcza w odniesieniu do inwestycji), im większa nagroda, tym większe ryzyko. Inwestowanie w kryptowaluty nie jest wolne od ryzyka, ani niskiego ryzyka; Jest to niezwykle ryzykowne, ale będąc mieczem obosiecznym, oferuje również ekstremalną nagrodę.

Co to jest biała księga Bitcoina?

Biała księga to raport informacyjny wydany przez organizację na temat danego produktu, usługi lub ogólnej idei. Białe księgi wyjaśniają (tak naprawdę sprzedają) koncepcję oraz podają pomysł i harmonogram przyszłych wydarzeń. Ogólnie rzecz biorąc, pomaga to czytelnikom zrozumieć problem, dowiedzieć się, w jaki sposób twórcy artykułu zamierzają rozwiązać ten problem i wyrobić sobie opinię na temat tego projektu. Trzy rodzaje białych ksiąg często pojawiają się w przestrzeni biznesowej: po pierwsze, "tło", które wyjaśnia tło produktu, usługi lub pomysłu i dostarcza technicznych, skoncentrowanych na edukacji informacji, które sprzedają czytelnikowi. Drugim rodzajem białej księgi jest "lista numerowana", która wyświetla zawartość w przystępnym, zorientowanym na liczby formacie. Na przykład "10 przypadków użycia monety CM" lub "10 powodów, dla których token HL zdominuje rynek". Ostatni typ to biała księga problemu/rozwiązania, która definiuje problem, który produkt, usługa lub pomysł ma rozwiązać, i wyjaśnia stworzone rozwiązanie.

Białe księgi są wykorzystywane w przestrzeni kryptograficznej do wyjaśniania nowatorskich koncepcji oraz szczegółów technicznych, wizji i planów związanych z danym projektem. Wszystkie profesjonalne projekty kryptowalutowe będą miały białą księgę, którą zazwyczaj można znaleźć na ich stronie internetowej. Zapoznanie się z białą księgą pozwala lepiej zrozumieć projekt niż praktycznie jakiekolwiek inne pojedyncze źródło dostępnych informacji. Biała księga Bitcoina została opublikowana w 2008 roku i nakreśliła zasady przejrzystego i niekontrolowanego kryptograficznie bezpiecznego, rozproszonego i P2P elektronicznego systemu płatności. Z oryginalną białą księgą Bitcoin można zapoznać się pod następującym linkiem:

bitcoin.org/bitcoin.pdf

Poniżej znajduje się kilka stron internetowych, które zapewniają więcej informacji lub dostęp do białych ksiąg dotyczących kryptowalut.

Wszystkie białe księgi dotyczące kryptowalut

https://www.allcryptowhitepapers.com/

Ocena kryptowalut

https://cryptorating.eu/whitepapers/

Biurko CoinDesk

https://www.coindesk.com/tag/white-papers

Czym są klucze Bitcoin?

Klucz to losowy ciąg znaków używany przez algorytmy do szyfrowania danych. Bitcoin i większość kryptowalut używa dwóch kluczy: klucza publicznego i klucza prywatnego. Oba to ciągi liter i cyfr. Gdy użytkownik zainicjuje swoją pierwszą transakcję, tworzona jest para klucza publicznego i klucza prywatnego. Klucz publiczny służy do otrzymywania kryptowalut, natomiast klucz prywatny pozwala użytkownikowi na przeprowadzanie transakcji ze swojego konta. Oba klucze są przechowywane w portfelu.

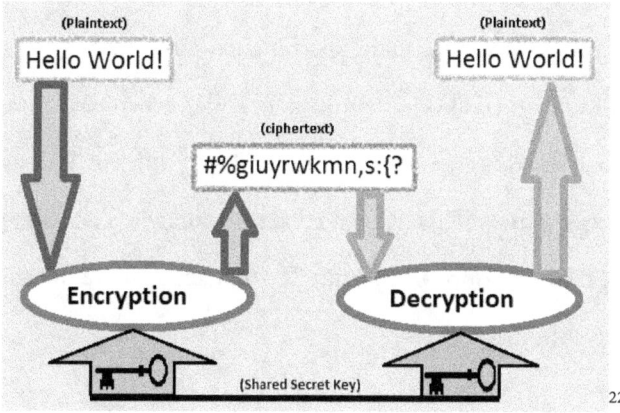

---

[22] Deweloper-NJITWILL / PDM / File:Crypto.png

Czy Bitcoin jest rzadkością?

Tak. Bitcoin jest aktywem deflacyjnym o stałej podaży. Kryptowaluty o stałej podaży mają algorytmiczny limit podaży. Bitcoin, jak wspomniano, jest aktywem o stałej podaży, ponieważ po wprowadzeniu do obiegu 21 milionów monet nie można stworzyć więcej monet. Obecnie prawie 90% bitcoinów zostało wydobytych, a około 0,5% całkowitej podaży jest usuwane z obiegu rocznie (z powodu wysyłania monet na niedostępne konta). Zgodnie z halvingiem (omówionym później), Bitcoin osiągnie maksymalną podaż około roku 2140. Wiele innych kryptowalut (pochodzących ze strony internetowej cryptoli.st, sprawdź je sam, jeśli interesują Cię inne listy kryptowalut), takie jak Binance Coin (BNB), Cardano (ADA), Litecoin (LTC) i ChainLink (LINK), również opiera się na systemie deflacyjnym o stałej podaży. Więcej informacji na temat koncepcji systemów deflacyjnych i dlaczego sprawia to, że Bitcoin jest rzadki, przedstawiono w pytaniu "co oznacza to, że Bitcoin jest deflacyjny?" poniżej.

Czym są wieloryby Bitcoin?

Wieloryby, w kryptowalutach, odnoszą się do osób lub podmiotów, które posiadają wystarczającą ilość danej monety lub tokena, aby można je było uznać za głównych graczy z potencjałem wpływania na akcję cenową. Około 1000 indywidualnych wielorybów Bitcoin posiada 40% wszystkich Bitcoinów, a 13% wszystkich Bitcoinów jest przechowywanych na nieco ponad 100 kontach.[23] Wieloryby Bitcoin mogą manipulować ceną Bitcoina za pomocą różnych strategii i z pewnością robiły to w ostatnich latach. Interesującym powiązanym artykułem (opublikowanym przez Medium) jest "Bitcoin Whales and Crypto Market Manipulation".

---

[23] "Dziwny świat bitcoinowych "wielorybów" 22 stycznia 2021 r.
https://www.telegraph.co.uk/technology/2021/01/22/weird-world-bitcoin-whales-2500-people-control-40pc-market/.

Kim są górnicy Bitcoina?

Górnicy Bitcoin to każdy, kto użycza mocy obliczeniowej sieci Bitcoin. Obejmuje to zarówno użytkowników komputerów Nicehash, jak i kompletne farmy górnicze; Każdy, kto dodaje jakąkolwiek moc do sieci (zwiększając w ten sposób hash rate), jest definiowany jako górnik. Górnicy Bitcoin oferują moc obliczeniową sieci Bitcoin, która służy do weryfikacji transakcji i dodawania bloków do łańcucha bloków, w zamian za nagrody w Bitcoin.

Co to znaczy "spalić" Bitcoina?

Termin "spalony" odnosi się do procesu spalania, który jest mechanizmem podaży umożliwiającym wycofanie monet z obiegu, działając tym samym jako narzędzie deflacyjne i zwiększając wartość każdej innej monety w sieci (której koncepcja przypomina firmę odkupującą akcje na giełdzie). Spalanie można wykonać na kilka różnych sposobów: jednym z tych sposobów jest wysyłanie monet do niedostępnego portfela, który nazywa się "adresem zjadacza". W tym przypadku, chociaż tokeny nie zostały technicznie usunięte z całkowitej podaży, podaż w obiegu skutecznie spadła. Obecnie w wyniku tego procesu utracono około 3,7 miliona Bitcoinów (200+ miliardów wartości). Tokeny można również spalić, kodując funkcję spalania w protokołach, które zarządzają tokenem, ale znacznie bardziej popularną opcją są wspomniane adresy zjadaczy. Analiza kryptowalut o imieniu Timothy Paterson stwierdziła, że każdego dnia traci się 1,500 Bitcoinów, co znacznie przekracza średni dzienny wzrost (poprzez wydobycie) wynoszący 900. Ostatecznie, do pewnego stopnia, utrata monet zwiększa rzadkość i wartość.

Co oznacza to, że Bitcoin jest deflacyjny?

Bitcoin jest aktywem o stałej podaży (co oznacza, że podaż monet ma limit algorytmiczny), ponieważ po wprowadzeniu do obiegu 21 milionów monet nie można stworzyć więcej monet. Obecnie wydobyto prawie 90% Bitcoinów, a około 0,5% całkowitej podaży jest tracone rocznie. W wyniku halvingu Bitcoin osiągnie maksymalną podaż w okolicach 2140 roku. Najbardziej widoczną korzyścią płynącą z systemu stałego zasilania jest to, że takie systemy są deflacyjne. Aktywa deflacyjne to aktywa, w których całkowita podaż zmniejsza się w czasie, a zatem każda jednostka zyskuje na wartości. Załóżmy na przykład, że utknąłeś na bezludnej wyspie z 10 innymi osobami, a każda osoba ma 1 butelkę wody. Ponieważ niektórzy ludzie prawdopodobnie piją wodę, całkowita podaż 100 butelek wody może się tylko zmniejszyć. To sprawia, że woda jest aktywem deflacyjnym. W miarę kurczenia się całkowitej podaży każda butelka wody staje się coraz bardziej warta. Powiedzmy, że zostało tylko 20 butelek wody. Każda z 20 butelek wody jest warta tyle, ile 5 butelek wody było kiedyś wartych, gdy wszystkie 100 było w obiegu. W ten sposób długoterminowi posiadacze aktywów deflacyjnych doświadczają wzrostu wartości swoich udziałów, ponieważ wartość fundamentalna w stosunku do całości (w przykładzie z butelką wody 1 butelka na 100 to 1%, podczas gdy 1 na 20 to 5%, co sprawia, że każda butelka jest warta 5 razy więcej) wzrosła. Ogólnie rzecz biorąc, model o stałej podaży i model deflacyjny, podobnie jak cyfrowe złoto (zwłaszcza w odniesieniu do Bitcoina), z czasem zwiększy fundamentalną wartość każdej monety lub tokena i stworzy wartość poprzez niedobór.

Jaki jest wolumen Bitcoina?

Wolumen obrotu, znany po prostu jako "wolumen", to liczba monet lub tokenów będących przedmiotem obrotu w określonym przedziale czasowym. Wolumen może pokazywać względną kondycję danej monety lub całego rynku. Na przykład, w chwili pisania tego tekstu, Bitcoin (BTC) ma 24-godzinny wolumen w wysokości 46 miliardów dolarów, podczas gdy Litecoin (LTC) w tym samym czasie osiągnął wartość 7 miliardów dolarów. Sama ta liczba jest jednak nieco arbitralna; Standaryzowanym sposobem porównywania wolumenu jest stosunek kapitalizacji rynkowej do wolumenu. Na przykład, kontynuując dwie powyższe monety, Bitcoin ma kapitalizację rynkową w wysokości 1,1 biliona dolarów i wolumen 46 miliardów dolarów, co oznacza, że 1 dolar na każde 24 dolary w sieci był przedmiotem obrotu w ciągu ostatnich 24 godzin. Litecoin ma kapitalizację rynkową w wysokości 16,7 miliarda dolarów i wolumen 24-godzinny w wysokości 7 miliardów dolarów, co oznacza, że 1 dolar z każdych 2,3 dolara w sieci był przedmiotem obrotu w ciągu ostatnich 24 godzin. Dzięki zrozumieniu wolumenu można lepiej zrozumieć inne informacje o monecie, takie jak popularność, zmienność, użyteczność i tak dalej. Informacje na temat wolumenu Bitcoina i innych kryptowalut można znaleźć poniżej:

CoinMarketCap - coinmarketcap.com

Jak wydobywany jest Bitcoin?

Bitcoin jest wydobywany za pomocą węzłów (węzły, podsumowując, to komputery w sieci). Węzły rozwiązują złożone problemy haszujące, a właściciele węzłów są wynagradzani proporcjonalnie do ilości wykonanej pracy (stąd proof-of-work). W ten sposób właściciele węzłów (zwani górnikami) mogą wydobywać Bitcoiny.

Czy możesz zdobyć USD za pomocą Bitcoina?

Tak! W pytaniu bezpośrednio poniżej dowiesz się o parach. Waluty fiducjarne mogą być konwertowane na i z Bitcoina za pomocą pary fiat-krypto. Para Bitcoin-do-USD to BTC/USD. Dolary amerykańskie są walutą kwotowaną dla Bitcoina i innych walut, co oznacza, że USD jest miarą, do której porównywane są inne kryptowaluty; dlatego możesz powiedzieć "Bitcoin osiągnął 50 000", podczas gdy Bitcoin naprawdę osiągnął wartość równą 50 000 dolarów amerykańskich.

Co to jest para Bitcoin?

Wszystkie kryptowaluty działają w parach. Para to połączenie dwóch kryptowalut, które pozwala na wymianę takich kryptowalut. Para BTC/ETH (krypto-to-crypto) umożliwia wymianę Bitcoina na Ethereum i odwrotnie. Para BTC/USD (krypto-fiat) umożliwia wymianę Bitcoina na dolara amerykańskiego i odwrotnie. Biorąc pod uwagę dużą ilość mniejszych kryptowalut, rynek giełdowy koncentruje się wokół kilku dużych kryptowalut, które z kolei wymieniają się na cokolwiek innego. Na przykład para Celo (CGLD) do Fetch.ai (FET) może nie istnieć, ale para CGLD/BTC i BTC/FET umożliwia konwersję CGLD na FET. Mówiąc prościej, pary to sieć, która łączy różne aktywa. Pary pozwalają również na arbitraż, czyli handel różnicą w cenach par między różnymi giełdami i rynkami.

Czy Bitcoin jest lepszy niż Ethereum?

Kluczową różnicą między Bitcoinem a Etherem jest propozycja wartości. Bitcoin został stworzony jako magazyn wartości, spokrewniony z cyfrowym złotem, podczas gdy Ethereum działa jako platforma, na której tworzone są zdecentralizowane aplikacje (dApps) i inteligentne kontrakty (zasilane przez token ETH i język programowania Solidity). Ponieważ ETH jest potrzebne do uruchamiania dApps na blockchainie Ethereum, wartość ETH jest w pewnym stopniu powiązana z użytecznością. W jednym zdaniu; Bitcoin jest walutą, podczas gdy Ethereum jest technologią i pod tym względem Ethereum nie zostało stworzone jako konkurent dla Bitcoina, ale raczej jako uzupełnienie i budowanie obok niego. W tym celu pytanie, co jest lepsze, jest jak porównywanie jabłka do cegły; Obaj są świetni w tym, co robią, a wybór jednego z nich jest wyborem propozycji wartości zamiast innej (na przykład: potrzebujemy jabłka do jedzenia, ale cegły do stworzenia schronienia), na które pytanie nie ma jasnej ani uzgodnionej odpowiedzi.

Czy możesz kupować rzeczy za pomocą Bitcoina?

Bitcoin reprezentuje wspólne poczucie wartości; wartość może być przedmiotem transakcji i wymieniana na przedmioty o równoważnej lub zbliżonej wartości, tak jak każda inna waluta. Mimo to bezpośrednie kupowanie większości rzeczy za pomocą Bitcoina jest dość trudne lub niemożliwe (to powiedziawszy, opcje istnieją i szybko się rozwijają). Oczywiście zawsze można po prostu wymienić Bitcoin na daną walutę i używać waluty do kupowania rzeczy, ale pozostaje pytanie: dlaczego nie można jeszcze użyć Bitcoina do zakupu przedmiotów, za które w przeciwnym razie zapłaciłbyś za pomocą innych cyfrowych metod płatności? Takie pytanie jest złożone, ale głównie ma związek z faktem, że ustalony system walut wspieranych przez rząd działa od dłuższego czasu, podczas gdy kryptowaluty są nowe i działają poza kontrolą i wpływami rządu. Obecne trendy wskazują na to, że kryptowaluty integrują się w dużej mierze z internetowymi (i do pewnego stopnia offline) sprzedawcami detalicznymi, hurtownikami i niezależnymi sprzedawcami (poprzez integrację z procesorami płatności, takimi jak Stripe, PayPal, Square itp.). Już teraz Microsoft (w sklepie Xbox), Home Depot (przez Flexa), Starbucks (przez Bakkt), Whole Foods (przez Spedn) i wiele innych firm akceptuje Bitcoin; punktami zwrotnymi są główni sprzedawcy internetowi akceptujący Bitcoin (Amazon, Walmart, Target itp.) oraz punkt, w którym rządy albo przyjmują, albo sprzeciwiają się kryptowalutom jako metodzie płatności.

Jaka jest historia Bitcoina?

W 1991 roku po raz pierwszy stworzono kryptograficznie zabezpieczony łańcuch bloków. Prawie dekadę później, w 2000 roku, Stegan Knost opublikował swoją teorię na temat łańcuchów zabezpieczonych kryptografią, a także pomysły na praktyczne wdrożenie, a 8 lat później Satoshi Nakamoto opublikował białą księgę (biała księga jest dokładnym raportem i przewodnikiem), która ustanowiła model blockchaina. W 2009 roku Nakamoto wdrożył pierwszy blockchain, który był używany jako księga publiczna dla transakcji dokonywanych przy użyciu opracowanej przez niego kryptowaluty, zwanej Bitcoin. Wreszcie, w 2014 roku, przypadki użycia blockchain i sieci blockchain zaczęły rozwijać się poza kryptowalutą, otwierając w ten sposób możliwości Bitcoina i blockchain na szerszy świat.

Jak kupić Bitcoin?

Bitcoin można przede wszystkim kupić za pośrednictwem giełd, a następnie przechowywać na giełdzie lub w portfelu. Popularne giełdy dla użytkowników z USA i całego świata są wymienione poniżej:

NAM

Coinbase - coinbase.com (najlepszy dla nowych inwestorów)

PayPal - paypal.com (łatwe dla tych, którzy już PayPal używają)

Binance US - binance.us (najlepszy dla altcoinów, zaawansowanych inwestorów)

Bisq - bisq.network (zdecentralizowany)

Globalnie (niedostępne/ograniczona funkcjonalność w Stanach Zjednoczonych)

Binance - binance.com (najlepszy ogólnie)

Huibo Global - huobi.com (większość ofert)

7b - sevenb.io (łatwy)

Crypto.com - crypto.com (najniższe opłaty)

Po utworzeniu konta na giełdzie użytkownicy mogą przelać walutę fiducjarną na konto, aby kupić pożądane kryptowaluty.

Czy Bitcoin to dobra inwestycja?

Z historycznego punktu widzenia Bitcoin jest jedną z najlepszych inwestycji ostatniej dekady; składana stopa zwrotu wynosiła około 200% rocznie, a 10 dolarów włożonych w Bitcoin w 2010 roku byłoby warte 7,6 miliona dolarów dzisiaj (zdumiewający zwrot z inwestycji w wysokości 76 500 000%). Jednak szybkie zwroty generowane przez Bitcoin w przeszłości nie mogą utrzymywać się w nieskończoność, a pytanie, czy Bitcoin *będzie* dobrą inwestycją, jest zupełnie inne. Ogólnie rzecz biorąc, fakty obecnie sprawiają, że Bitcoin jest dobrym długoterminowym udziałem, zwłaszcza jeśli wierzysz w przyspieszające trendy decentralizacji i blockchain. To powiedziawszy, wiele wydarzeń typu "czarny łabędź" może wyrządzić ekstremalne szkody Bitcoinowi, a wielu konkurentów może wyprzedzić Bitcoina. Pytanie o to, czy inwestować, powinno być poparte faktami, ale w oparciu o Ciebie: ilość ryzyka, które jesteś gotów podjąć, ilość pieniędzy, które jesteś w stanie i chcesz zaryzykować i tak dalej. Więc czy badasz, myślisz tak racjonalnie, jak to tylko możliwe i podejmujesz decyzje handlowe, których nie będziesz żałować.

Czy Bitcoin się załamie?

Bitcoin jest aktywem bardzo cyklicznym i ma tendencję do regularnych spadków. Dla długoterminowych posiadaczy Bitcoina błyskawiczne krachy i przedłużające się okresy bessy są w przeważającej mierze prawdopodobne. Bitcoin spadł o 80% lub więcej (liczba uważana za katastrofalną na innych rynkach) trzy razy od 2012 roku; We wszystkich przypadkach szybko się odbił. Wszystko to dzieje się częściowo dlatego, że Bitcoin jest wciąż w fazie odkrywania cen i szybko rośnie pod względem adopcji, więc zmienność szaleje. Podsumowując; Historycznie rzecz biorąc, podczas gdy Bitcoin bez wątpienia się załamie, bez wątpienia również się odbuduje.

Co to jest system PoW Bitcoina?

Algorytm PoW służy do potwierdzania transakcji i tworzenia nowych bloków na danym blockchainie. PoW, czyli Proof of work, dosłownie oznacza, że praca (poprzez równania matematyczne) jest wymagana do tworzenia bloków. Ludzie, którzy wykonują tę pracę, są górnikami, a górnicy są nagradzani za swój wysiłek obliczeniowy poprzez kapitał własny.

Co to jest halving Bitcoina?

Halving to mechanizm podaży, który reguluje tempo, w jakim monety są dodawane do kryptowaluty o stałej podaży. Pomysł i proces zostały spopularyzowane przez Bitcoina, który zmniejsza się o połowę co 4 lata. Halving jest wprawiany w ruch przez zaprogramowaną redukcję nagród za wydobycie; Nagrody blokowe to nagrody przyznawane górnikom (tak naprawdę komputerom), którzy przetwarzają i zatwierdzają transakcje w danej sieci blockchain. Od 2016 do 2020 roku wszystkie komputery (zwane węzłami) w sieci Bitcoin łącznie zarabiały 12,5 Bitcoina co 10 minut i tyle Bitcoinów weszło do obiegu. Jednak po 11 maja 2020 r. nagrody spadły do 6,25 Bitcoina w tym samym przedziale czasowym. W ten sposób, za każde 210 000 wydobytych bloków, co odpowiada mniej więcej co cztery lata, nagrody za bloki będą nadal spadać o połowę, aż do osiągnięcia maksymalnego limitu 21 milionów monet około roku 2040. Tak więc halving prawdopodobnie zwiększy wartość Bitcoina i innych kryptowalut poprzez zmniejszenie podaży, nie zmieniając popytu. Rzadkość, jak wspomniano, napędza wartość, a ograniczona podaż w połączeniu z rosnącym popytem tworzy coraz większy niedobór. Z tego powodu halving historycznie spowodował wzrost ceny Bitcoina i prawdopodobnie będzie długoterminowym katalizatorem wzrostu. Kredyt na medium.com.

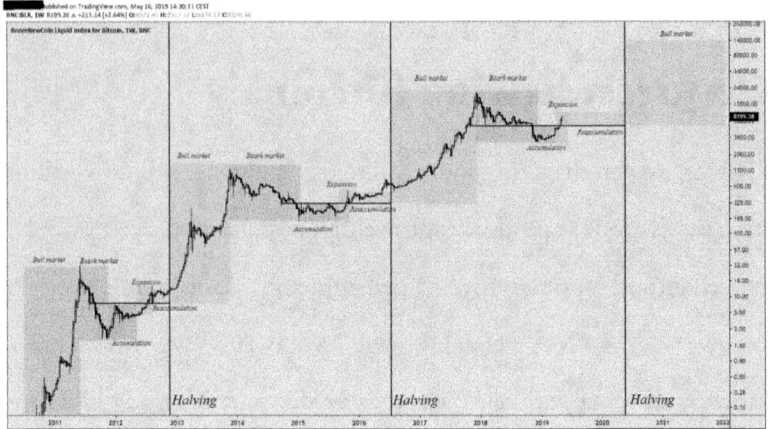

[24]

---

[24] https://medium.com/coinmonks/how-the-bitcoin-halving-impacts-bitcoins-price-ac7ba87706f1

Dlaczego Bitcoin jest niestabilny?

Bitcoin wciąż znajduje się w "fazie odkrywania cen", co oznacza, że rynek rośnie tak szybko, że prawdziwa wartość Bitcoina pozostaje nieznana. W związku z tym postrzegana wartość rządzi rynkiem (wspierana przez brak jakiejkolwiek organizacji zarządzającej zmiennością Bitcoina), a postrzegana wartość jest bardzo łatwo kształtowana przez wiadomości, plotki i tak dalej. W końcu Bitcoin stanie się mniej niestabilny, ale z pewnością może to zająć trochę czasu.

Czy powinienem inwestować w Bitcoin?

Pytanie, czy powinieneś inwestować w Bitcoin, nie jest tylko kwestią Bitcoina, ale Ciebie. Bitcoin niesie ze sobą nieodłączne ryzyko, będąc aktywem spekulacyjnym i zmiennym, i chociaż potencjalny wzrost jest ogromny, należy pamiętać o obosiecznym mieczu ryzyka i nagrody. Najlepszą rzeczą, jaką możesz zrobić, to dowiedzieć się jak najwięcej o Bitcoinie, kryptowalutach i blockchainie (a także o trendach w tych tematach i wydarzeniach w świecie rzeczywistym) i połączyć te informacje z tolerancją ryzyka, sytuacją finansową i wszelkimi innymi zmiennymi, które mogą wpłynąć na Twoją decyzję inwestycyjną.

Jak skutecznie inwestować w Bitcoin?

Te 5 zasad pomoże Ci skutecznie inwestować w Bitcoin, ponieważ pieniądze i handel są doświadczeniami emocjonalnymi:

- Nic nie trwa wiecznie
- Nie miałbym, powinienem, mógłbym
- Nie kieruj się emocjami
- Dywersyfikacji
- Ceny nie mają znaczenia

Nic nie trwa wiecznie

W chwili pisania tego tekstu na początku 2021 roku rynek kryptowalut znajduje się w bańce. Mówi się o tym jako o kryptooptymiście. Niesamowite zwroty, jakie osiągają ludzie i niesamowite trendy wzrostowe praktycznie wszystkich monet są po prostu nie do utrzymania; Jeśli tak będzie w nieskończoność, każdy może zainwestować pieniądze w cokolwiek i osiągnąć ogromny zysk. Nie oznacza to, że rynek zmierza do zera lub że koncepcje, które napędzają wzrost, zawiodą; Po prostu twierdzę, że w pewnym momencie ten ogromny wzrost zwolni. Może to być powolne i stopniowe lub szybkie, jak w przypadku gwałtownego krachu. Historycznie rzecz biorąc, Bitcoin działał w cyklach, które obejmowały masowe hossy, z których największa miała miejsce pod koniec 2017 r., od marca do lipca 2019 r. i ponownie od listopada 2020 r. do czasu pisania tego tekstu, czyli kwietnia 2021 r. We wspomnianych hossach Bitcoin wzrósł odpowiednio około 15x (2017), 3x (2019), a teraz, w obecnej hossie, 10x i wciąż rośnie. W jednym poprzednim przypadku, w którym Bitcoin wzrósł ponad 15-krotnie, większą część następnego roku spędziłem na załamaniu się z 20 tys. do 4 tys. Potwierdza to ideę wspomnianych cykli Bitcoina, które najpierw mają ogromny trend wzrostowy, a następnie rozbijają się do wyższych dołków. Oznacza to kilka rzeczy: po pierwsze, dobrze jest postawić, jeśli Bitcoin się załamuje. Po drugie, jeśli Bitcoin i rynek kryptowalut idą w górę, gdy to czytasz, prawdopodobnie spadną w pewnym momencie w ciągu najbliższych kilku lat. Jeśli spada w czasie, gdy to czytasz, prawdopodobnie wzrośnie w naprawdę ogromny sposób w ciągu najbliższych kilku lat. Oczywiście ekosystem rynkowy może się zmieniać, ale właśnie o to należy powiedzieć. Zakładając, że kryptowaluty osiągną masową adopcję i staną się integralną częścią wszystkich aspektów pieniądza, biznesu i ogólnego życia, *w pewnym momencie będzie musiało się ustabilizować.* Ten punkt może nastąpić w 2021, 2023 lub 2030 roku. Prawdopodobnie załamie się i wzrośnie wiele razy, zanim ustabilizuje się na nieco mniej zmiennym rynku, przynajmniej w stosunku do swojego dawnego siebie.

Nie miałbym, powinienem, mógłbym

Ta zasada została zaczerpnięta od popularnego i legendarnego maklera giełdowego i gospodarza programu *Mad Money*, Jima Cramera. Koncepcja ta sprawdza się we wszystkich inwestycjach, nie wspominając o wszystkich dziedzinach życia, i wiąże się z #3l rządów. Idea jest reprezentowana przez "nie" miałby, nie powinien, nie mógłby. Oznacza to, że jeśli dokonasz złej transakcji, poświęć kilka minut na zastanowienie się, jak możesz się z niej nauczyć i poprawić; Następnie, po tych kilku minutach, nie myśl o tym, co *byś* zrobił, co *powinieneś* był zrobić lub co *mógłbyś* zrobić. Pozwoli ci to uczyć się i doskonalić, jednocześnie zachowując zdrowie psychiczne, ponieważ pod koniec dnia zawsze mogłeś zrobić to lepiej. Nie obwiniaj się o przegrane i nie pozwól, aby wygrane uderzyły Ci do głowy.

Nie bądź emocjonalny

Emocje są antytezą handlu technicznego. Handel techniczny opiera obecne i przyszłe działania na danych historycznych i, niestety, rynek nie dba o to, jak się czujesz. Emocje, najczęściej ("nie" po prostu z powodu przypadkowego podjęcia dobrej decyzji poprzez zły proces) tylko cię zranią i odciągną od strategii handlowych, które opracowałeś. Niektórzy ludzie czują się naturalnie komfortowo z ryzykiem i emocjonalnym rollercoasterem handlu; Jeśli nie, możesz rozważyć poznanie psychologii handlu (ponieważ zrozumienie emocji jest poprzednikiem akceptacji, racjonalności i kontroli) i po prostu dać sobie czas. Analiza fundamentalna i handel średnio- i długoterminowy nadal wymagają tego wszystkiego, ale w mniejszym stopniu.

Dywersyfikacji

Dywersyfikacja przeciwdziała ryzyku. A jak wiemy, kryptowaluty są ryzykowne. Podczas gdy każdy, kto inwestuje w kryptowaluty, zarówno zakłada, jak i prawdopodobnie szuka pewnego poziomu ryzyka (ze względu na zasadę kompromisu między ryzykiem a zwrotem), masz (prawdopodobnie) pewien poziom ryzyka, z którym nie czujesz się komfortowo. Dywersyfikacja pomaga utrzymać się w granicach maksymalnego ryzyka. Chociaż nie mogę mówić o Twojej wyjątkowej sytuacji, poleciłbym każdemu inwestorowi kryptowalutowemu utrzymywanie nieco zdywersyfikowanego portfela, bez względu na to, jak bardzo wierzysz w projekt. Alokacja środków powinna być (zazwyczaj) podzielona między alternatywy Bitcoin, Etherium lub ETH (takie jak Cardano, BNB itp.) oraz różne altcoiny, wraz z pewną ilością gotówki. Chociaż dokładne wartości procentowe różnią się w zależności od indywidualnej sytuacji (35/25/30/10, 60/25/10/5, 20/20/40/20 itd.), większość profesjonalistów zgodzi się, że jest to najbardziej zrównoważony sposób inwestowania, przechwytywania zysków na całym rynku i zmniejszania szans na utratę dużego procentu portfela z powodu jednej lub kilku błędnych decyzji. Jednak niektórzy inwestorzy wkładają pieniądze tylko w jedną lub dwie kryptowaluty z pierwszej 50 i inwestują większość swoich pieniędzy w altcoiny o małej kapitalizacji. Pod koniec dnia ustal strategię, która pasuje do Twojej sytuacji, zasobów i osobowości, a następnie zdywersyfikuj w granicach tej strategii.

Cena nie ma znaczenia

Cena jest w dużej mierze nieistotna, ponieważ można ustalić zarówno podaż, jak i cenę początkową. To, że Binance Coin (BNB) jest na poziomie 500 USD, a Ripple (XRP) na poziomie 1,80 USD, nie oznacza, że XRP jest wart 277x BNB; W rzeczywistości obie monety znajdują się obecnie w granicach 10% swojej kapitalizacji rynkowej. Kiedy kryptowaluta jest tworzona po raz pierwszy, podaż jest ustalana przez zespół stojący za aktywami; Zespół może zdecydować się na stworzenie 1 biliona monet lub 10 milionów. Tak więc, patrząc wstecz na XRP i BNB, widzimy, że Ripple ma około 45 miliardów monet w obiegu, a Binance Coin ma 150 milionów. W ten sposób cena tak naprawdę nie ma znaczenia. Moneta o wartości 0,0003 USD może być warta więcej niż moneta o wartości 10 000 USD pod względem kapitalizacji rynkowej, podaży w obiegu, wolumenu, użytkowników, użyteczności itp. Cena ma jeszcze mniejsze znaczenie ze względu na akcje ułamkowe, które pozwalają inwestorom inwestować dowolną kwotę pieniędzy w monetę lub token niezależnie od ceny. Wiele innych wskaźników jest znacznie ważniejszych i należy je rozważyć na długo przed ceną. To powiedziawszy, ceny mogą wpływać na akcję cenową w wyniku psychologii. Na przykład: Bitcoin ma silny opór na poziomie 50 000 USD, a duża część tego oporu może wynikać z faktu, że 50 000 USD to ładna, okrągła liczba, po której wiele osób złożyłoby zlecenia kupna i sprzedaży. W sytuacjach takich jak ta i innych, psychologia jest realną częścią price action, a co za tym idzie, analizy.

Czy Bitcoin ma wartość wewnętrzną?

Nie, Bitcoin nie ma wartości wewnętrznej. Nic w Bitcoinie nie wymaga, aby miał wartość; Wartość jest raczej generowana przez użytkownika. Jednak zgodnie z taką definicją wszystkie waluty świata, które nie mają pokrycia w standardzie złota lub srebra, również nie mają wartości wewnętrznej (innej niż zużycie materialne, które jest nieistotne). Tak więc, w pewnym sensie, wszystkie pieniądze mają jakikolwiek stopień wartości tylko dlatego, że zgadzamy się, że mają, a wszelkie argumenty przeciwko lub za użyciem Bitcoina z powodu jego braku wewnętrznej wartości muszą być również zastosowane do walut fiducjarnych.

Czy Bitcoin jest opodatkowany?

Jak mówi przysłowie, podatków nie da się uniknąć, a taki pomysł z pewnością dotyczy kryptowalut pomimo pozornie anonimowego i nieuregulowanego charakteru branży. Aby uzyskać najdokładniejsze informacje, odwiedź stronę internetową swojej organizacji podatkowej, aby dowiedzieć się więcej o podatku od walut cyfrowych w swoim kraju. To powiedziawszy, poniższe informacje rzucają światło na zasady ustalone w USA:

- W 2014 roku IRS ogłosił, że wirtualne waluty są własnością, a nie walutą.

- Jeśli kryptowaluty są otrzymywane jako zapłata za towary lub usługi, godziwa wartość rynkowa (w USD) musi być opodatkowana jako dochód.

- Jeśli trzymasz monetę lub token dłużej niż rok, jest to klasyfikowane jako zysk długoterminowy, a jeśli kupiłeś i sprzedałeś go w ciągu roku, jest to zysk krótkoterminowy. Zyski krótkoterminowe podlegają wyższym podatkom niż zyski długoterminowe.

- Dochód z wydobycia walut wirtualnych jest traktowany jako dochód z samozatrudnienia (zakładając, że dana osoba nie jest pracownikiem) i podlega opodatkowaniu podatkiem od samozatrudnienia zgodnie z godziwą równowartością walut cyfrowych w USD. Straty mogą zostać uznane w wysokości do 3 000 USD.

• Kiedy waluty cyfrowe są sprzedawane, zyski lub straty podlegają podatkowi od zysków kapitałowych (ponieważ waluty cyfrowe są uważane za własność), tak jak gdyby akcje zostały sprzedane.

Czy Bitcoin handluje 24 godziny na dobę, 7 dni w tygodniu?

Bitcoin działa 24 godziny na dobę, 7 dni w tygodniu. Wynika to w dużej mierze z faktu, że ma być używany na całym świecie, jako prawdziwie międzykontynentalne narzędzie, a biorąc pod uwagę strefy czasowe, wszystko poza działaniem 24/7 nie spełniałoby tych kryteriów. Po prostu nie ma też żadnej zachęty, aby tego nie robić.

Czy Bitcoin wykorzystuje paliwa kopalne?

Tak, Bitcoin wykorzystuje pola kopalne. W rzeczywistości wiele elektrowni na paliwa kopalne znalazło nowe życie, dostarczając energię potrzebną do wydobywania kryptowalut. Bitcoin zużywa mniej więcej tyle samo energii, co mały kraj, wyłącznie poprzez wymagania obliczeniowe, co odpowiada około 0,55% światowej produkcji energii elektrycznej. Oczywiście użytkownicy i górnicy Bitcoina nie chcą korzystać z paliw kopalnych, a przejście na odnawialne źródła energii jest głównym celem, ale to samo można powiedzieć o jeździe samochodami zasilanymi gazem i wielu innych codziennych czynnościach, które zużywają więcej paliw kopalnych niż Bitcoin. Problem tak naprawdę sprowadza się do opinii; ci, którzy postrzegają Bitcoin jako pionierską siłę na świecie, która pomaga ludziom w niestabilnych ekosystemach finansowych i umożliwia większe bezpieczeństwo i prywatność w transakcjach, nie będą zaniepokojeni globalnym zużyciem energii na poziomie 0,55% (zwłaszcza biorąc pod uwagę obietnicę długoterminowego przejścia na czystą energię), podczas gdy ci, którzy postrzegają Bitcoin jako bezwartościowy lub oszustwo, prawdopodobnie będą mieli dokładnie odwrotne odczucia. Należy zauważyć, że niektóre alternatywy kryptowalut są znacznie mniej emisyjne niż Bitcoin (Cardano, ADA), neutralne pod względem emisji dwutlenku węgla (Bitgreen, BITG) lub ujemne pod względem emisji dwutlenku węgla (eGold, EGLD).

Czy Bitcoin osiągnie 100 tys.?

Bitcoin prawdopodobnie osiągnie 100 000 USD za monetę. Nie oznacza to, że stanie się to wkrótce, ani że jest to pewne; tylko te dane na temat deflacyjnej natury Bitcoina, historycznych zwrotów, trendów adopcji (jeśli jesteś zainteresowany, zbadaj krzywą "S" w technologii) i inflacji fiducjarnej sprawiają, że wzrost ceny do 100 000 USD jest prawdopodobny. Ważnym pytaniem nie jest, czy osiągnie 100 000 USD, ale kiedy osiągnie 100 000 USD. Większość z tych szacunków to w najlepszym razie wykształcone spekulacje.

Czy Bitcoin osiągnie 1 milion?

W przeciwieństwie do 100 000 USD, Bitcoin osiągający 1 milion USD wymaga poważnej skali. Dyrektor generalny eToro Iqbal Grandha powiedział, że Bitcoin nie spełni swojego potencjału, dopóki nie będzie wart 1 miliona dolarów za monetę, ponieważ w tym czasie każdy Satoshi (który jest najmniejszą dywizją, na którą można podzielić Bitcoina) byłby wart 1 centa. Biorąc pod uwagę ekonomię skali i potencjał masowej adopcji na całym świecie (w takim przypadku Bitcoin działałby jako uniwersalna waluta rezerwowa), możliwe jest, że cena może osiągnąć 1 milion dolarów. Jednak inna kryptowaluta może równie dobrze zająć to miejsce, a także wspierane przez rząd stablecoiny lub waluty cyfrowe. W połączeniu należy zauważyć, że waluty fiducjarne są inflacyjne, a Bitcoin jest deflacyjny. Ta dynamika cen sprawia, że 1 milion dolarów jest znacznie bardziej prawdopodobny w dłuższej perspektywie. Ostatecznie jednak nikt nie zgaduje, co powinno się wydarzyć, a wycena 1 miliona dolarów za monetę pozostaje spekulacją.

Czy Bitcoin będzie nadal rósł tak szybko?

Nie. Jest to dosłownie niemożliwe. Bitcoin zwracał inwestorom prawie 200%[25] rocznie przez ostatnie 10 lat, co przekłada się na 5,2 miliona procent zwrotu w ciągu dekady. Biorąc pod uwagę kapitalizację rynkową Bitcoina w momencie pisania tego tekstu, trwały złożony wzrost o 200% przekroczyłby całą podaż pieniądza na świecie w ciągu 4 do 5 lat. Tak więc, chociaż jest całkowicie możliwe, że Bitcoin będzie nadal rósł, obecne tempo wzrostu jest wyjątkowo nie do utrzymania. W perspektywie długoterminowej wzrost gospodarczy musi się spłaszczyć, a zmienność prawdopodobnie będzie się zmniejszać.

---

[25] 196,7%, zgodnie z obliczeniami CaseBitcoin

Czym są forki Bitcoina?

Fork to wystąpienie nowego łańcucha bloków tworzonego z innego łańcucha bloków. Bitcoin miał 105 forków, z których największym jest dzisiejszy Bitcoin Cash. Forki występują, gdy algorytm jest podzielony na dwie różne wersje. Istnieją dwa rodzaje widelców. Hard fork to fork, który występuje, gdy wszystkie węzły w sieci aktualizują się do nowszej wersji blockchaina i pozostawiają starą wersję; Następnie tworzone są dwie ścieżki: nowa wersja i stara wersja. Soft fork kontrastuje z tym, czyniąc starą sieć nieważną; Powoduje to powstanie tylko jednego łańcucha bloków.

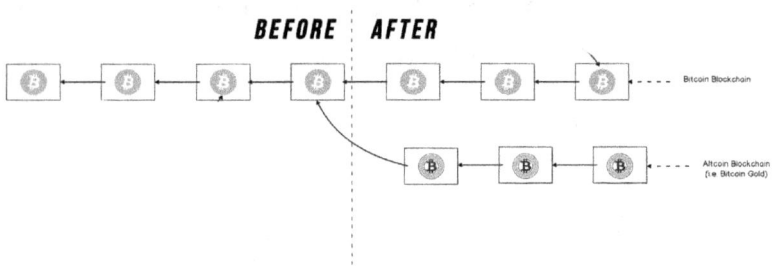

---

[26] Na podstawie obrazu autorstwa Egidio.casati, CC BY-SA 4.0 <https://creativecommons.org/licenses/by-sa/4.0>

Dlaczego Bitcoin podlega wahaniom?

Podobnie jak w przypadku giełdy, cena rośnie i spada w zależności od popytu i podaży. Z kolei na popyt i podaż wpływają koszty produkcji bitcoina na blockchainie, wiadomości, konkurenci, zarządzanie wewnętrzne i wieloryby (duzi posiadacze). Aby uzyskać informacje o tym, dlaczego Bitcoin jest tak niestabilny, zapoznaj się z wieloma innymi pytaniami na ten temat.

Jak działają portfele Bitcoin?

Portfel kryptowalutowy to interfejs używany do zarządzania zasobami kryptowalut. Portfel Coinbase i Exodus to popularne portfele. Konto z kolei to para kluczy publicznych i prywatnych, z których możesz kontrolować swoje środki, które są przechowywane na blockchainie. Mówiąc najprościej, portfele to konta, które przechowują Twoje zasoby za Ciebie, podobnie jak bank.

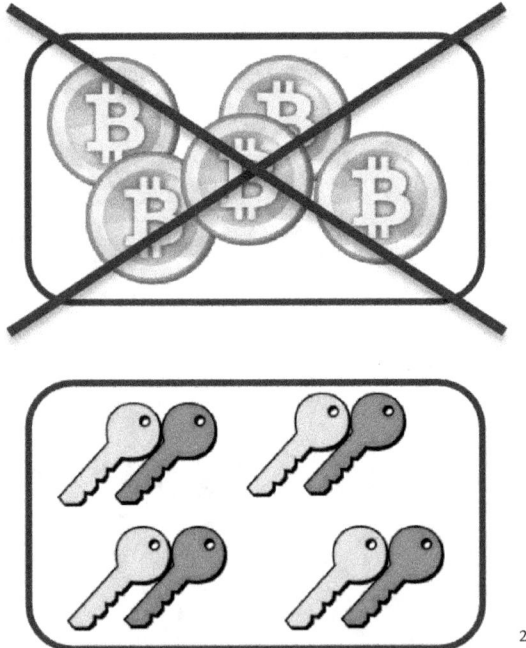

*Portfele nie zawierają monet. Portfele zawierają pary kluczy prywatnych i publicznych, które zapewniają dostęp do zasobów.

---

[27] Matthäus Wander / CC BY-SA 3.0)

Czy Bitcoin działa we wszystkich krajach?

Bitcoin to zdecentralizowana sieć komputerów; Wszystkie adresy są nieblokowalne i dlatego są dostępne w dowolnym miejscu z połączeniem internetowym. W krajach, w których Bitcoin jest nielegalny (z których największymi są Chiny i Rosja), wszystko, co rząd może zrobić, to rozprawić się z infrastrukturą (w szczególności farmami wydobywczymi) i wykorzystaniem Bitcoina. W miejscach takich jak Rosja Bitcoin nie jest w rzeczywistości regulowany, a raczej używanie Bitcoina jako płatności za towary i usługi jest nielegalne. Większość innych krajów podąża za tym modelem, ponieważ, ponownie, samo zablokowanie Bitcoina jest niemożliwe. W rzeczywistości Hester Peirce z SEC stwierdziła, że "rządy byłyby głupie, zakazując Bitcoina". Biorąc to pod uwagę, można wysnuć wniosek, że Bitcoin działa we wszystkich krajach, chociaż w kilku wybranych posiadanie lub używanie monety jest nielegalne.

Ile osób ma Bitcoina?

Najlepsze szacunki[28] wskazują obecnie na około 100 milionów posiadaczy na całym świecie, co stanowi około 1 na 55 dorosłych. To powiedziawszy, prawdziwa liczba jest nieznana, biorąc pod uwagę anonimowy charakter sieci kryptograficznych. Można powiedzieć, że wzrost liczby użytkowników jest dwucyfrowy, Bitcoin ma kilkaset tysięcy transakcji dziennie, 2+ miliardów ludzi słyszało o Bitcoinie, a w sumie istnieje około pół miliarda adresów Bitcoin.

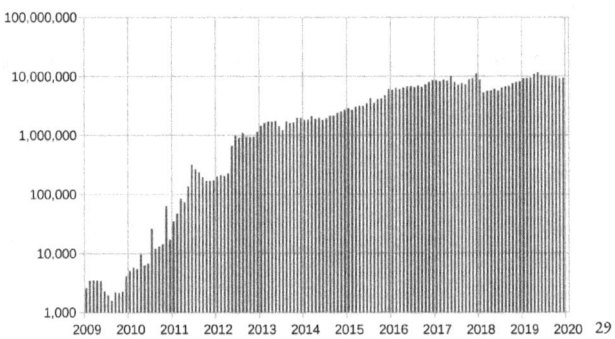

*Liczba transakcji Bitcoin miesięcznie, stan na 2020 r.

---

[28] buybitcoinworldwide.com
[29] Ladislav Mecir / CC BY-SA 4.0

Kto ma najwięcej Bitcoinów?

Tajemniczy założyciel Bitcoina, Satoshi Nakamoto, posiada najwięcej Bitcoinów. Posiada 1,1 miliona BTC w wielu portfelach, co daje mu wartość netto liczoną w dziesiątkach miliardów. Gdyby Bitcoiny osiągnęły 180 000 dolarów, Satoshi Nakamoto stałby się najbogatszym człowiekiem na Ziemi. Po Satoshi Nakamoto największymi posiadaczami są bliźniacy Winklevoss i różne organy ścigania (FBI stało się jednym z największych posiadaczy Bitcoinów po przejęciu aktywów Silk Road, internetowego rynku blak zamkniętego w 2013 roku).

Czy możesz handlować Bitcoinem za pomocą algorytmów?

Aby odpowiedzieć na to pytanie, załączę fragment innej z moich książek o analizie technicznej kryptowalut. Obejmuje wszystkie podstawy i zajmuje więcej niż kilka stron, więc jeśli szukasz krótkiej odpowiedzi, powiem, że możesz, ale jest to trudne.

Handel algorytmiczny to sztuka polegająca na tym, aby komputer zarabiał dla Ciebie pieniądze. A przynajmniej taki jest cel. Traderzy algorytmiczni, jak mówi slang, próbują zidentyfikować zestaw zasad, które, jeśli zostaną wykorzystane jako podstawa do handlu, przynoszą zysk. Gdy te reguły zostaną wybrane i uruchomione, kod wykona zlecenie. Na przykład: powiedzmy, że uwielbiasz handlować z wykładniczymi przecięciami średniej kroczącej (EMA). Za każdym razem, gdy widzisz, że 12-dniowa EMA Bitcoina mija 50-dniową EMA, inwestujesz 0,01 bitcoina. Następnie, zazwyczaj sprzedajesz, gdy osiągniesz 5% zysku lub, jeśli to nie działa, zmniejszasz straty do 5%. Bardzo łatwo byłoby przekształcić tę preferowaną strategię handlową w zasady handlu algorytmicznego. Zakodowałbyś algorytm, który śledziłby wszystkie dane Bitcoina, zainwestował 0,01 bitcoina podczas preferowanego crossovera EMA, a następnie sprzedał z 5% zyskiem lub 5% stratą. Ten algorytm będzie działał za

Ciebie podczas snu, podczas jedzenia, dosłownie 24 godziny na dobę, 7 dni w tygodniu lub w ustalonym przez Ciebie czasie. Ponieważ handluje tylko dokładnie tak, jak go ustawiłeś; Czujesz się bardzo komfortowo z ryzykiem. Nawet jeśli algorytm działa tylko w 51 na 100 transakcji, technicznie rzecz biorąc, osiągasz zysk i możesz po prostu kontynuować w nieskończoność bez wkładania w to żadnej pracy. Możesz też zapoznać się z większą ilością danych i ulepszyć swój algorytm, aby działał 55/100 razy lub 70/100. Dziesięć lat później jesteś multibilionerem, zarabiającym pieniądze w każdej sekundzie każdego dnia, popijając tropikalny sok na słonecznej plaży.

Niestety, nie jest to takie proste, ale taka jest koncepcja handlu algorytmicznego. Naprawdę fajnym hipotetycznym aspektem handlu z maszyną jest to, że pułap dochodu jest praktycznie nieograniczony (lub przynajmniej ogromnie skalowalny). Rozważmy poniższą tabelę. Jest to wizualizacja algorytmu, który handluje 200 razy dziennie, jeśli spełnione są określone warunki. Algorytm wyjdzie z pozycji z 5% zyskiem lub 5% stratą, jak w powyższym przykładzie. Załóżmy, że dajesz algorytmowi 10 000 USD do pracy, a 100% portfela jest wkładane w każdą transakcję. Czerwony oznacza nierentowną transakcję (5% straty), a zielony oznacza dobrą transakcję, 5% zysku.

Jak wynika z wykresu, ten algorytm jest poprawny tylko w 51% przypadków. W tej chwili inwestycja o wartości 10 000 USD stałaby się 11 025 USD w ciągu zaledwie jednego dnia, 186 791,86 USD w ciągu 30 dni, a po pełnym roku handlu wynik wyniósłby 29 389 237 672 608 055 000 USD. To 29 kwintylionów dolarów, czyli około 783 razy więcej niż całkowita wartość każdego dolara amerykańskiego w obiegu. Oczywiście, to by nie zadziałało. Załóżmy jednak teraz, że algorytm, biorąc pod uwagę te same zasady, sprawia, że zyskowna transakcja jest tylko w 50,1% przypadków, co oznacza 1 dodatkową zyskowną transakcję na każde 1,000. Po 1 roku ten algorytm zamieni 10 000 USD na 14 400 USD. Po 10 latach – niecałe 400 000 dolarów, a po 50 latach – 835 437 561 881,32 dolarów. To 835 miliardów dolarów (sprawdź sam kalkulator procentu składanego Moneychimp)

Wydaje się to całkiem proste. Po prostu użyj danych historycznych do testowania algorytmów, aż znajdziesz taki, który jest co najmniej 50,1% zyskowny, zdobądź 10 tys. USD, a Twoje dzieci będą bilionerami. Niestety, to nie działa, a oto niektóre z wyzwań stojących przed traderami algorytmicznymi:

Błędy

Najbardziej oczywistym wyzwaniem jest stworzenie bezbłędnego algorytmu. Wiele dzisiejszych usług znacznie ułatwia ten proces i nie wymaga tak dużego doświadczenia w kodowaniu, ale niektóre nadal wymagają pewnego poziomu umiejętności kodowania, a reszta pewnego stopnia wiedzy technicznej. Jestem pewien, że możesz sobie wyobrazić, że każdy błąd w tworzeniu algorytmu może skutkować zakończeniem gry.* Dlatego prawdopodobnie nie powinieneś kodować go samodzielnie, chyba że faktycznie wiesz, jak kodować, w którym to przypadku prawdopodobnie nadal powinieneś skonsultować się z przyjacielem!

Nieprzewidywalne dane

Podobnie jak w przypadku analizy technicznej jako całości, oczekiwanie, że historyczne wzorce prawdopodobnie się powtórzą, jest podstawą, na której opiera się handel algorytmiczny. Wydarzenia typu "czarny łabędź" i nieprzewidywalne czynniki, takie jak wiadomości, globalny kryzys, raporty kwartalne itd., mogą wytrącić z równowagi algorytm i sprawić, że poprzednia strategia stanie się nieopłacalna.

Brak zdolności adaptacyjnych

Wyzwanie związane z nieprzewidywalnymi danymi łączy się z niezdolnością do dostosowania się do okoliczności, biorąc pod uwagę nowe, kontekstowe dane. W ten sposób mogą być wymagane aktualizacje ręczne. Rozwiązaniem tego problemu jest oczywiście sztuczna inteligencja, która uczy się, ulepsza i testuje, ale jest to dalekie od rzeczywistości i gdyby zadziałało, prawdopodobnie nie byłoby to zbyt dobre dla rynku, ponieważ kilku wpływowych graczy mogłoby po prostu zarabiać na tym na własny użytek (biorąc pod uwagę, że byłaby to dosłowna maszyna do drukowania pieniędzy) lub dzielić się tym ze wszystkimi. W takim przypadku zastosowanie ma wyzwanie samozniszczenia (poniżej).

Poślizg, zmienność i błyskawiczne awarie.

Ponieważ algorytmy grają według ustalonych zasad, można je "oszukać" przez zmienność i uczynić nierentownymi przez poślizg. Na przykład mały altcoin może skoczyć o kilka procent, w górę lub w dół, w ciągu kilku sekund. Algorytm może zobaczyć, że cena trafi w zlecenie sprzedaży z limitem i uruchomi likwidację, mimo że cena po prostu skacze z powrotem do poprzedniej ceny lub wyższej.

Autodestrukcji

W hipotetycznym wystąpieniu inteligentnej sztucznej inteligencji, która sortuje wszystkie dostępne dane, identyfikuje najlepsze możliwe algorytmy handlowe, stosuje je w praktyce i dostosowuje się do okoliczności, wiele takich sztucznej inteligencji wyeliminowałoby własne strategie handlowe. Na przykład: powiedzmy, że istnieje 1 milion takich sztucznej inteligencji (naprawdę, znacznie więcej osób korzystałoby z niej, gdyby stała się dostępna w sprzedaży). Wszystkie sztuczne inteligencje natychmiast odkryłyby najlepszy algorytm i zaczęłyby na nim handlować. Gdyby tak się stało, wynikający z tego napływ wolumenu sprawiłby, że strategia byłaby bezużyteczna. Ten sam scenariusz ma miejsce dzisiaj, tyle że bez sztucznej inteligencji. Naprawdę dobre strategie handlowe mogą zostać odkryte przez wiele osób, a następnie używane i udostępniane, aż przestaną być opłacalne lub tak opłacalne jak kiedyś. W ten sposób naprawdę dobre strategie i algorytmy hamują własny postęp.

Są to więc wyzwania, które sprawiają, że handel algorytmiczny nie jest doskonałą, 4-godzinnym tygodniem pracy, tropikalną maszyną do drukowania pieniędzy. To powiedziawszy, algorytmy z pewnością nadal mogą być opłacalne. Wiele dużych firm i firm opiera swoją działalność wyłącznie na zyskownych algorytmach handlowych. Tak więc, chociaż boty handlowe nie powinny być traktowane jako łatwe pieniądze, należy je traktować jako dyscyplinę, którą można opanować, jeśli zapewni się wystarczająco dużo czasu i wysiłku. Oto kilka najważniejszych informacji na temat handlu algorytmicznego i tego, jak zacząć:

Testowanie historyczne

Ponieważ algorytmy pobierają określone dane wejściowe i odpowiednio reagują, algorytmiczni traderzy mogą testować swoje algorytmy w oparciu o dane historyczne. Na przykład, idąc za poprzednimi przykładami, jeśli Trader X chce stworzyć algorytm, który handluje na skrzyżowaniach EMA, Trader X może przetestować algorytm, uruchamiając go w każdym roku, w którym istnieje cały rynek. Zwroty zostaną następnie wykreślone, a poprzez testy dzielone Trader X może wymyślić formułę, która została historycznie udowodniona, że działa, bez faktycznego wykładania pieniędzy na stół. W ten sposób możesz testować własne algorytmy i bawić się różnymi zmiennymi, aby zobaczyć, jak wpływają one na ogólne zwroty. Aby poeksperymentować z tworzeniem i używaniem algorytmu handlowego, sprawdź te strony internetowe:

Kontrola ryzyka

Backtesting to świetny sposób na ograniczenie ryzyka. Najlepszą alternatywą jest zdyscyplinowane i zbadane wykorzystanie stop lossów i trailing stop-lossów. Oba te narzędzia zostały omówione w części poświęconej zarządzaniu ryzykiem.

Prostota

Wiele osób ma koncepcje handlu algorytmicznego, które wymagają złożonego, wielowarstwowego kodu, który obejmuje wiele, jeśli nie tuzin lub więcej, wskaźników, wzorców lub oscylatorów. Chociaż nie można wyjaśnić niewiadomych, większość udanych algorytmów używanych zarówno przez profesjonalistów, jak i nieprofesjonalistów jest zaskakująco nieskomplikowana. Większość z nich obejmuje jeden wskaźnik, a może kombinację dwóch. Sugeruję, abyś podążał tą ustaloną drogą, jeśli zaczynasz handlować algorytmicznie, ale jeśli odkryjesz niezwykle złożony i doskonały algorytm, będę pierwszym, który się zarejestruje!

*Źródło: Książka, Analiza techniczna kryptowalut

Jak Bitcoin wpłynie na przyszłość?

Bitcoin był pierwszym udanym przypadkiem użycia blockchain na dużą skalę; pytanie o to, jak blockchain wpłynie na przyszłość, jest znacznie większym pytaniem niż tylko potencjalny wpływ Bitcoina, z których większość została wcześniej omówiona. Oto dziedziny, w których blockchain (a co za tym idzie, Bitcoin) będzie miał lub ma duży wpływ:

- Zarządzanie łańcuchem dostaw.
- Zarządzanie logistyką.
- Bezpieczne zarządzanie danymi.
- Płatności transgraniczne i środki transakcyjne.
- Śledzenie tantiem artystów.
- Bezpieczne przechowywanie i udostępnianie danych medycznych.
- Rynki NFT.
- Mechanizmy głosowania i bezpieczeństwo.
- Weryfikowalna własność nieruchomości.
- Rynek nieruchomości.
- Uzgadnianie faktur i rozstrzyganie sporów.
- Biletów.
- Gwarancje finansowe.

- Działania związane z odzyskiwaniem po awarii.
- Łączenie dostawców i dystrybutorów.
- Śledzenie pochodzenia.
- Głosowanie przez pełnomocnika.
- Kryptowaluta.
- Dowód ubezpieczenia / Polisy ubezpieczeniowe.
- Rejestry danych zdrowotnych / osobowych.
- Dostęp do kapitału.
- Zdecentralizowane finanse
- Identyfikacja cyfrowa
- Wydajność procesowa / logistyczna
- Weryfikacja danych
- Likwidacja szkód (ubezpieczenia).
- Stopień ochrony IP.
- Digitalizacja aktywów i instrumentów finansowych.
- Ograniczenie korupcji finansowej w rządzie.
- Gry online.
- Kredyty konsorcjalne.
- I wiele więcej!

Czy Bitcoin to przyszłość pieniądza?

Pytanie, czy sam Bitcoin jest "przyszłością pieniądza" jest spekulacją; prawdziwe pytanie brzmi, czy technologia stojąca za Bitcoinem i systemy, do których zachęca Bitcoin, są przyszłością pieniądza. Jeśli tak, inwestowanie w kryptowalutę jako całość, a także w Bitcoin (chociaż potencjał wzrostu w % w Bitcoinie jest ograniczony w stosunku do mniejszych monet, biorąc pod uwagę ilość pieniędzy, które już się w nim znajdują) jest bardzo dobrym zakładem.

Główną technologią napędzającą Bitcoina jest blockchain, a ogólnym systemem, do którego zachęca Bitcoin, jest decentralizacja. Obie dziedziny eksplodują w wielu rozwijających się przypadkach użycia, a każda z nich ma potencjał, aby wpłynąć na każdy aspekt życia, od płatności, przez pracę, po głosowanie. Cytując Capgemini Engineering, "[blockchain] znacznie poprawia bezpieczeństwo i ochronę w sektorach finansów, opieki zdrowotnej, łańcucha dostaw, oprogramowania i rządu". Firmy korzystające z technologii blockchain to m.in. amazon (poprzez AWS), BMW (w logistyce), Citigroup (w finansach), Facebook (poprzez stworzenie własnej kryptowaluty), General Electric (łańcuch dostaw), Google (z BigQuery), IBM, JPmorgan, Microsoft, Mastercard, Nasdaq, Nestlé, Samsung, Square, Tenent, T-Mobile, Organizacja Narodów

Zjednoczonych, Vanguard, Walmart i inne.[30] Rozszerzona klientela i produkty zasilane przez blockchain lub skupione wokół niego sygnalizują kontynuację blockchain jako podstawowego aspektu usług internetowych i offline. Mając to wszystko na uwadze, Bitcoin nie ogranicza się do wpływu na kryptowaluty, a raczej może i prawdopodobnie zapoczątkuje erę blockchain. Jeśli chodzi o to, że Bitcoin jest przyszłością pieniądza i płatności, ważnym pytaniem jest, jak rządy reagują na zagrożenie ze strony Bitcoina i kryptowalut. Niektóre, takie jak Chiny, mogą opracować własne waluty cyfrowe. Niektóre, jak Salwador, mogą uczynić Bitcoin prawnym środkiem płatniczym. Inni mogą jeszcze ignorować kryptowaluty lub ich zakazać. Niezależnie od tego, w jaki sposób rządy zareagują, fakt, że będą one zmuszone do reakcji, oznacza, że Bitcoin był okrętem flagowym, który w taki czy inny sposób całkowicie zmieni krajobraz finansowy świata poprzez udane zastosowanie aktywów cyfrowych i opartych na blockchainie.

---

[30] Na podstawie badań przeprowadzonych przez Forbes.

Ile osób jest miliarderami Bitcoin?

Trudno jest określić, ilu miliarderów istnieje w przestrzeni kryptowalutowej, a nawet tylko w sieci kryptowalutowej, ponieważ udziały są często podzielone na wiele kont. Jednak wyłączając giełdy, istnieje dwadzieścia adresów Bitcoin posiadających równowartość 1 miliarda dolarów lub więcej oraz osiemdziesiąt adresów Bitcoin posiadających równowartość 500 milionów dolarów lub więcej.[31] Liczba ta może łatwo ulegać wahaniom, ponieważ wiele portfeli o wartości od 500 milionów do 1 miliarda dolarów może wzrosnąć powyżej 1 miliarda dolarów zgodnie z wahaniami Bitcoina, a jak wspomniano, posiadacze, którzy sprzedali Bitcoin lub podzielili swoje udziały w wielu portfelach, nie są uwzględnieni. To powiedziawszy, można śmiało powiedzieć, że co najmniej dwa tuziny kont i co najmniej 1 tuzin osób zarobiło ponad 1 miliard dolarów, inwestując w Bitcoin. Dziesiątki innych zarobiły setki milionów lub miliardów, inwestując w inne kryptowaluty.

---

[31] "Top 100 najbogatszych adresów Bitcoin i..." https://bitinfocharts.com/top-100-richest-bitcoin-addresses.html.

Czy istnieją tajemniczy miliarderzy Bitcoina?

Satoshi Nakamoto jest najlepszym przykładem tajemniczego i anonimowego miliardera Bitcoina. W powyższym pytaniu (ile osób jest miliarderami Bitcoina?) doszliśmy do wniosku, że co najmniej 1 tuzin osób zarobiło miliard dolarów, inwestując w Bitcoina. Biorąc pod uwagę tę liczbę oraz fakt, że liczbę popularnych miliarderów Bitcoin można policzyć na palcach jednej ręki (pojedyncze osoby, nie licząc korporacji), można przypuszczać, że kilku posiadaczy Bitcoinów na całym świecie to miliarderzy Bitcoin, którzy trzymali się z dala od centrum uwagi. Mając to na uwadze, być może w pewnym momencie zajmowałeś się swoim dniem i skrzyżowałeś ścieżki z tajemniczym miliarderem Bitcoin.

Czy Bitcoin trafi do głównego nurtu?

To ciekawe pytanie. Obecnie około 1% świata korzysta z Bitcoina, chociaż w miejscach takich jak Ameryka liczba ta waha się aż do 20%, a w innych częściach świata do 0%. Aby kryptowaluta mogła trafić do głównego nurtu i masowej adopcji, musi służyć jakiemuś rodzajowi użyteczności. Ogólnie rzecz biorąc, kryptowaluty mają użyteczność jako magazyn wartości; metoda zawierania transakcji lub jako ramy do budowania sieci i zdecentralizowanych organizacji. Bitcoin jest zdecydowanie największą i najcenniejszą kryptowalutą, ale w rzeczywistości nie jest najlepszą kryptowalutą w żadnej z tych kategorii. Tak więc, chociaż Bitcoin to Bitcoin (podobnie jak można kupić tańszy zegarek niż Rolex, który lepiej pasuje i ładniej wygląda, ale nadal wybierasz Rolexa), a marka Bitcoin zaprowadziła i zajdzie daleko, jest mało prawdopodobne, aby był stałym liderem wśród kryptowalut na świecie. To powiedziawszy, biorąc pod uwagę wartość marki i skalę, z pewnością może osiągnąć masową i powszechną adopcję, biorąc pod uwagę obecne trendy użytkowania i przypadki użycia w przestrzeni kryptowalut.

Czy Bitcoin zostanie przejęty przez inne kryptowaluty?

Odpowiadając na to pytanie, odniosę się do powyższego pytania. Bitcoin, choć ogromny pod względem skali i marki, w rzeczywistości nie jest najlepszy w niczym w przestrzeni kryptograficznej. Nie jest to najlepszy magazyn wartości, nie jest najlepszy do wysyłania i odbierania pieniędzy i nie jest najlepszy jako platforma i sieć, na której użytkownicy kryptowalut mogą działać i budować. Tak więc, w perspektywie krótkoterminowej, biorąc pod uwagę czystą markę Bitcoina i jego monstrualną kapitalizację rynkową wynoszącą 1 bilion dolarów, jest mało prawdopodobne, aby został przejęty. Jednak w ciągu dziesięcioleci lub stuleci jest bardziej niż prawdopodobne, że zostanie wyprzedzony przez inne kryptowaluty, ponieważ wartość, która go napędza, rozpadnie się.

Czy Bitcoin może zmienić się z PoW?

Tak, Bitcoin z pewnością może zmienić się z systemu PoW (proof-of-work). Ethereum zaczęło się od PoW i oczekuje się, że przejdzie na PoS (proof-of-stake) pod koniec 2021 roku. Zmiana sprawi, że Ethereum będzie znacznie mniej energochłonne i bardziej skalowalne. Takie przejście jest z pewnością możliwe dla Bitcoina i wielu uważa odejście od PoW za nieuniknione.

Czy Bitcoin był pierwszą kryptowalutą w historii?

Niesławna biała księga Satoshi Nakamoto dotycząca Bitcoina została wydana w 2008 roku, a sam Bitcoin został wydany w 2009 roku. Wydarzenia te są znane jako pierwsze w swoim rodzaju; To tylko częściowo prawda.

Pod koniec lat osiemdziesiątych grupa programistów w Holandii próbowała powiązać pieniądze z kartami, aby zapobiec szalejącej kradzieży gotówki. Kierowcy ciężarówek używali tych kart zamiast gotówki; Jest to prawdopodobnie pierwszy przykład elektronicznej gotówki.

Mniej więcej w tym samym czasie, co eksperyment w Holandii, amerykański kryptograf David Chaum opracował koncepcję zbywalnej i prywatnej waluty opartej na tokenach. Opracował swoją "oślepiającą formułę" do wykorzystania w szyfrowaniu i założył firmę DigiCash, która upadła w 1988 roku.

W latach dziewięćdziesiątych wiele firm próbowało odnieść sukces tam, gdzie DigiCash nie odniosło sukcesu; najpopularniejszym z nich był PayPal Elona Muska. PayPal wprowadził łatwe płatności P2P online i spowodował utworzenie firmy o nazwie e-gold, która oferowała kredyt online w zamian za cenne medale (e-złoto zostało później zamknięte przez rząd). Dodatkowo w 1991 roku badacze Stuart Haber i W. Scoot Stornetta opisali technologię blockchain. Kilka lat później, w 1997 roku, projekt Hashcash wykorzystał algorytm proof of work do generowania i dystrybucji nowych monet, a wiele funkcji trafiło do protokołu Bitcoin. Rok później deweloper Wei Dai (którego imieniem nazwano najmniejszy nominał Etheru, Wei) wprowadził ideę "anonimowego, rozproszonego elektronicznego systemu gotówkowego" o nazwie B-money. B-money miał zapewnić zdecentralizowaną sieć, za pośrednictwem której użytkownicy mogliby wysyłać i odbierać walutę; Niestety, nigdy nie ruszył z miejsca. Wkrótce po opublikowaniu białej księgi B-money, Nick Szabo uruchomił projekt o nazwie Bit Gold, który działał w oparciu o pełny system PoW (proof-of-work). Bit gold w rzeczywistości jest stosunkowo podobny do Bitcoina. Wszystkie te projekty i dziesiątki innych ostatecznie doprowadziły do Bitcoina; z tego powodu nie można powiedzieć, że Bitcoin był prawdziwym pierwszym w wielu koncepcjach i technologiach, które go napędzają. To powiedziawszy, Bitcoin jest absolutnie i bez wątpienia pierwszym sukcesem na dużą skalę wszystkich technologii, które go napędzają; każda firma i projekt przed Bitcoinem upadł, ale Bitcoin wzniósł się ponad resztę i zapoczątkował ogromną globalną zmianę w kierunku technologii i koncepcji, na których się opierał.

Czy Bitcoin będzie i może być czymś więcej niż alternatywą dla złota?

Bitcoin już teraz jest "czymś więcej" niż alternatywą dla złota; Zasila i umożliwia globalną sieć transakcyjną przy znacznie mniejszym tarciu niż złoto. Jednak Bitcoin jest znacznie bardziej porównywalny ze złotem, ponieważ oba są uważane za magazyny wartości i środek transakcji. W związku z tym Bitcoin prawdopodobnie nigdy nie będzie niczym więcej niż alternatywą dla złota, ponieważ alternatywą w kryptowalucie staje się technologia i platforma taka jak Ethereum, która pozwala użytkownikom wykorzystać swój język programowania, zwany solidity, do tworzenia dApps. Bitcoin po prostu nie jest przeznaczony do robienia czegoś takiego i chociaż z pewnością ma większą użyteczność niż złoto, jest w pewnym sensie obsadzony w roli "cyfrowego złota".

Jakie jest opóźnienie Bitcoina i czy jest ono ważne?

Opóźnienie to opóźnienie między momentem przesłania transakcji a czasem, w którym sieć rozpoznaje transakcję; Zasadniczo opóźnienie to opóźnienie. Opóźnienie Bitcoina jest z założenia bardzo wysokie (w stosunku do 5-10 sekund nadawanej telewizji), aby wyprodukować jeden nowy blok co dziesięć minut. Zmniejszenie opóźnienia wymagałoby zasadniczo mniej pracy przy weryfikacji bloków, co jest sprzeczne z etosem PoW. Z tego powodu opóźnienie Bitcoina nie powinno być obniżane. To powiedziawszy, opóźnienie w handlu jest problemem dla giełd i traderów na giełdach (zwłaszcza traderów arbitrażowych); W miarę jak HFT (handel wysokiej częstotliwości) i handel algorytmiczny przenoszą się na rynek kryptowalut, opóźnienia będą miały coraz większe znaczenie.

Median Confirmation Time
6.7 min

2009-02-02	blockchain.com/charts	2021-09-03

---

[32] Źródło: blockchain.com

Jakie są teorie spiskowe dotyczące Bitcoina?

Bitcoin (a zwłaszcza Satoshi Nakamoto) jest dojrzałym środowiskiem dla teorii spiskowych; Dla zabawy przyjrzymy się kilku z nich. Rozważ następujące informacje jako całkowicie fikcyjne, jak większość teorii spiskowych, i żadna z nich nie jest wiarygodna:

1. *Bitcoin mógł zostać stworzony przez NSA lub inną amerykańską agencję wywiadowczą.* Jest to prawdopodobnie najbardziej rozpowszechniony spisek Bitcoina; twierdzi, że Bitcoin został stworzony przez rząd USA i że nie jest tak prywatny, jak nam się wydaje. Zamiast tego NSA najwyraźniej ma dostęp tylnymi drzwiami do algorytmu SHA-256 i wykorzystuje ten dostęp do szpiegowania użytkowników.

2. *Bitcoin może być sztuczną inteligencją.* Teoria ta mówi, że Bitcoin jest sztuczną inteligencją, która wykorzystuje swój motyw ekonomiczny, aby zachęcić użytkowników do rozwoju swojej sieci. Niektórzy uważają, że sztuczną inteligencję stworzyła agencja rządowa.

3. *Bitcoin mógł zostać stworzony przez cztery duże azjatyckie firmy.* Teoria ta jest całkowicie oparta na fakcie, że "sa" w

Samsungu, "toshi" od Toshiby, "naka" od Nakamichi i "moto" od Motoroli tworzą w połączeniu imię tajemniczego założyciela Bitcoina, Satoshi Nakamoto. Całkiem solidny dowód na to.

Dlaczego większość innych monet często podąża za Bitcoinem?

Bitcoin jest zasadniczo walutą rezerwową dla kryptowalut lub podobną do Dow i S&P dla rynku akcji. Około 50% wartości na rynku kryptowalut leży wyłącznie w Bitcoinie, a Bitcoin jest najczęściej używaną i najbardziej znaną kryptowalutą na świecie. Z tych powodów pary handlowe Bitcoin są najczęściej używaną parą do kupowania Altcoinów, co wiąże wartość wszystkich innych kryptowalut z Bitcoinem. Bitcoin spadający powoduje, że mniej pieniędzy jest wkładanych w Altcoiny, podczas gdy Bitcoin idzie w górę, co powoduje, że więcej pieniędzy jest wkładanych w Altcoiny. Z tych powodów większość (nie wszystkie) monet często (nie zawsze) podąża za ogólnymi/niedźwiedzimi trendami Bitcoina.

Co to jest Bitcoin Cash?

Jak wspomniano wcześniej, Bitcoin ma problem ze skalą: sieć po prostu nie jest wystarczająco szybka, aby obsłużyć duże ilości transakcji obecnych w sytuacji globalnej adopcji. W związku z tym kolektyw górników i programistów Bitcoina zainicjował hard fork Bitcoina w 2017 roku. Nowa waluta, zwana Bitcoin Cash (BCH), zwiększyła rozmiar bloku (do 32 MB w 2018 roku), dzięki czemu sieć może przetwarzać więcej transakcji niż Bitcoin i szybciej. Chociaż BCH nie ma zastąpić ani zbliżyć się do zastąpienia Bitcoina, jest to alternatywa, która rozwiązała poważny problem, a pytanie, w jaki sposób oryginalny Bitcoin rozwiąże ten sam problem, pozostaje do rozwiązania.

[33] Georgstmk / CC BY-SA 4.0

Jak zachowa się Bitcoin podczas recesji?

Bitcoin ma duże szanse na dobre wyniki podczas recesji, choć nie jest to jednoznaczna odpowiedź; Bitcoin powstał w wyniku kryzysu mieszkaniowego w 2008 roku, ale od tego czasu nie doświadczył jeszcze żadnego trwałego i poważnego spowolnienia gospodarczego (COVID się nie liczy). Pod wieloma względami Bitcoin służy jako cyfrowy odpowiednik złota, a złoto historycznie dobrze radziło sobie podczas recesji (zwłaszcza od 2007 do 2012 roku), a niedobór i zdecentralizowany charakter Bitcoina może sprawić, że będzie on bezpieczną inwestycją podczas recesji, taką, która nie podlegałaby kontroli rządów nad walutami fiducjarnymi i inflacyjnym systemem monetarnym świata. Należy również zauważyć, że Bitcoin historycznie rósł podczas kryzysów na mniejszą skalę: Brexitu, kryzysu kongresowego w 2013 roku i COVID. Tak więc, jak wcześniej stwierdzono, Bitcoin prawdopodobnie będzie dobrze radził sobie podczas recesji (chyba że recesja stanie się tak poważna, że ludzie po prostu nie będą mieli pieniędzy do zainwestowania, w którym to przypadku Bitcoin, jak również wszystkie aktywa, mają niewielkie szanse na doświadczenie czegokolwiek poza czerwienią). Tak czy inaczej, w przypadku recesji, większość kryptowalut innych niż

Bitcoin (zwłaszcza mniejsze altcoiny) z pewnością doświadczy ogromnych strat; Większość z nich zostanie praktycznie wymazana z mapy. Taki scenariusz byłby ogromnym wydarzeniem filtrującym dla altcoinów, co jest bardzo zdrowe dla całego rynku.

Czy Bitcoin może przetrwać na dłuższą metę?

Należy wziąć pod uwagę, w jakim stopniu Bitcoin przetrwa w dłuższej perspektywie; oraz w jakim stopniu wzrośnie adopcja i użycie. Niezależnie od tego, Bitcoin będzie istniał w pewnej skali przez następne kilka dekad; szanse na to, że utrzyma się na dużą skalę przez następne kilka stuleci, są mało prawdopodobne, biorąc pod uwagę nowszą konkurencję i alternatywy dla Bitcoina. Mimo to z pewnością może pozostać najlepszą kryptowalutą tak długo, jak długo istnieją kryptowaluty (zwłaszcza jeśli zostaną wdrożone ulepszenia, takie jak sieć oświetleniowa); Wcześniejsze prawdopodobieństwo opiera się wyłącznie na fakcie, że pierwsza waluta tego rodzaju zwykle nie jest najlepsza w swoim rodzaju, a większość walut w historii nie przetrwa (na dużą skalę) przez znaczną część czasu.

Jaki jest ostateczny cel Bitcoina i kryptowalut?

Końcowa wizja kryptowaluty osiąga następujące cele:

1. W szczególności w przypadku Bitcoina, aby umożliwić użytkownikom wysyłanie pieniędzy przez Internet w bezpieczny sposób, bez polegania na centralnej instytucji, zamiast tego polegając na dowodzie kryptograficznym.
2. Wyeliminuj potrzebę pośredników i zmniejsz tarcia w łańcuchach dostaw, bankach, nieruchomościach, prawie i innych dziedzinach.
3. Wyeliminuj zagrożenia, przed którymi stoi inflacyjne, dzikie zachody (pod względem kontroli rządowej od czasu wycofania walut fiducjarnych ze standardu złota) środowisko walut fiducjarnych.
4. Zapewnij całkowicie bezpieczną kontrolę nad zasobami osobistymi bez polegania na instytucjach zewnętrznych.
5. Korzystaj z rozwiązań blockchain w dziedzinie medycyny, logistyki, głosowania i finansów, a także wszędzie tam, gdzie takie rozwiązania mogą mieć zastosowanie.

Czy Bitcoin jest zbyt drogi, aby używać go jako kryptowaluty?

Cena bezwzględna jest w dużej mierze nieistotna dla kryptowalut (a także dla akcji, o czym pisałem w innych książkach). Chociaż ta odpowiedź została omówiona w innym miejscu zasad handlu, podsumuję odpowiednią sekcję poniżej:

Biorąc pod uwagę, że zarówno podaż, jak i cena początkowa mogą być ustalane/zmieniane, sama cena jest w dużej mierze nieistotna bez kontekstu. To, że Binance Coin (BNB) jest na poziomie 500 USD, a Ripple (XRP) na poziomie 1,80 USD, nie oznacza, że XRP jest wart 277x wartość BNB; Obie monety znajdują się obecnie w granicach 10% swojej kapitalizacji rynkowej. Kiedy kryptowaluta jest tworzona po raz pierwszy, podaż jest ustalana przez zespół stojący za aktywami. Zespół może zdecydować się na stworzenie 1 biliona monet lub 10 milionów. Patrząc wstecz na XRP i BNB, widzimy, że Ripple ma około 45 miliardów monet w obiegu, a Binance Coin ma 150 milionów. W ten sposób cena tak naprawdę nie ma znaczenia. Moneta o wartości 0,0003 USD może być warta więcej niż moneta o wartości 10 000 USD pod względem kapitalizacji rynkowej, podaży w obiegu, wolumenu, użytkowników, użyteczności itp. Cena ma jeszcze mniejsze znaczenie ze względu na pojawienie się akcji ułamkowych, które pozwalają inwestorom inwestować dowolną ilość pieniędzy w monetę lub token niezależnie od ceny. Jedyny poważny wpływ ceny leży w wpływie psychologicznym, który należy zbadać podczas handlu Bitcoinem i altcoinami.

Jak popularny jest Bitcoin?

Co najmniej 1,3% świata posiada obecnie Bitcoina, co biorąc pod uwagę pół miliarda istniejących adresów Bitcoin, czyni go dość popularnym. Liczba ta obejmuje 46 milionów Amerykanów, co stanowi 14% populacji i 21% dorosłych,[34] podczas gdy inne badanie wykazało, że 5% Europejczyków posiada Bitcoina.[35] Ważniejsze jest jednak wykładnicze tempo wzrostu. W 2014 roku istniało mniej niż

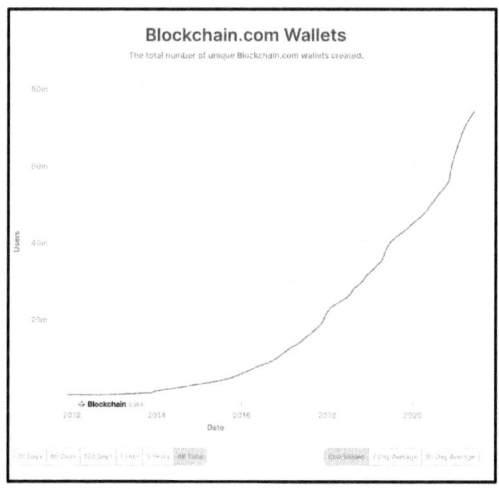

milion portfeli Bitcoin, co stanowi 75-krotny wzrost od tego czasu i 10-krotną (1,000%) stopę wzrostu rocznie.

---

[34] "Statystyki demograficzne Stanów Zjednoczonych..." https://www.infoplease.com/us/census/demographic-statistics.
[35] "• Wykres: Ilu konsumentów posiada kryptowalutę? | Statystyka". 20 sierpnia 2018, https://www.statista.com/chart/15137/how-many-consumers-own-cryptocurrency/.

[36] Nic nie wskazuje na to, by takie trendy miały się zatrzymać, a wzrost, jeśli w ogóle, tylko przyspiesza. Podsumowując, Bitcoin jest szczególnie popularny i prawdopodobnie osiągnie punkt krytyczny masowej adopcji w ciągu najbliższych kilku dekad.

---

[36] – Blockchain.com. https://www.blockchain.com/. Dostęp 9 czerwca 2021 r.

Książki

- Opanowanie Bitcoina – Andreas M. Antonopoulos
- Andreas M. Antonopoulos - Internet pieniądza
- The Bitcoin Standard – Saifedean Ammous
- Era kryptowalut – Paul Vigna
- Cyfrowe złoto – Nathaniel Popper
- Miliarderzy Bitcoin – Ben Mezrich
- Podstawy Bitcoinów i Blockchainów – Antony Lewis
- Rewolucja Blockchain – Don Tapscott
- Kryptoaktywa - Chris Burniske i Jack Tatar
- Era kryptowalut - Paul Vigna i Michael J. Casey

Wymiany

- Binance - binance.com (binance.us dla mieszkańców USA)
- Baza monet – coinbase.com
- Kraken – kraken.com
- Kryptowaluty – crypto.com
- Bliźnięta – gemini.com
- eToro – etoro.com

Podcasty

- Co zrobił Bitcoin przez Petera McCormacka (Bitcoin)
- Nieopowiedziane historie (wczesne historie)
- Unchained – Laura Shin (wywiady)
- Bielizna termoaktywna autorstwa Davida Nage'a (dyskusje)
- The Breakdown, Nathaniel Whittemore (film krótkometrażowy)
- Podcast Crypto Campfire (zrelaksowany)
- Ivan o Technice (aktualizacje)
- HASHR8 autorstwa Whita Gibbsa (techniczny)
- Opinie bez zastrzeżeń Ryana Selkisa (wywiady)

Serwisy informacyjne

- CoinDesk – coindesk.com
- CoinTelegraph – cointelegraph.com
- TodayOnChain – todayonchain.com
- AktualnościBTC – newsbtc.com
- Magazyn Bitcoin – bitcoinmagazine.com
- Łupek kryptowalutowy – cryptoslate.com
- Bitcoin.com – news.bitcoin.com
- Blockonomi – blockonomi

Usługi tworzenia wykresów

- TradingView – tradingview.com
- CryptoView – cryptoview.com
- Altrady – Altrady.com
- Zbieg okoliczności – Coinigry.com
- Coin Trader - Cointrader.pro
- CryptoWatch – Cryptowat.ch

Kanały YouTube

- Benjamina Cowena

    Hatps://vv.youtube.com/channel/ukrvak-ux-w0soig

- Kącik biurowy

    Hatps://vv.youtube.com/c/koinbureyu

- Muchy

    https://www.youtube.com/c/Forflies

- DataDash (Kreska danych)

    Hatps://vv.youtube.com/c/datadash

- Sheldona Evansa

    Hatps://vv.youtube.com/c/sheldonevan

- Antoniego Pompliano

    Hatps://vv.youtube.com/channel/usevspell8knynav-nakz4m2w

- Kamień celowniczy

  https://www.youtube.com/channel/UC7S9sRXUBrtF0nKTvLY3fwg/about

- Lark Davis

  Hatps://vv.youtube.com/channel/ucl2okaw8hdar_kbkidd2kalia

- Altcoin Codzienny

  https://www.youtube.com/channel/UCbLhGKVY-bJPcawebgtNfbw

www.ingramcontent.com/pod-product-compliance
Lightning Source LLC
LaVergne TN
LVHW012020060526
838201LV00061B/4387